基于市政桥隧合建模式的
地铁换乘车站一体化设计研究

广州地铁设计研究院股份有限公司　胡霞　等　著

西南交通大学出版社
·成都·

图书在版编目（CIP）数据

基于市政桥隧合建模式的地铁换乘车站一体化设计研究 / 胡霞等著. —成都：西南交通大学出版社，2021.7
　ISBN 978-7-5643-7996-4

　Ⅰ. ①基… Ⅱ. ①胡… Ⅲ. ①地下铁道车站–建筑设计–研究 Ⅳ. ①U231.4

中国版本图书馆 CIP 数据核字（2021）第 044859 号

Jiyu Shizheng Qiao-Sui Hejian Moshi de Ditie Huancheng Chezhan Yitihua Sheji Yanjiu
基于市政桥隧合建模式的地铁换乘车站一体化设计研究

胡霞　等 / 著　　　　　　　责任编辑 / 姜锡伟
　　　　　　　　　　　　　封面设计 / 何东琳设计工作室

西南交通大学出版社出版发行
（四川省成都市金牛区二环路北一段 111 号西南交通大学创新大厦 21 楼　610031）
发行部电话：028-87600564　028-87600533
网址：http://www.xnjdcbs.com
印刷：成都蜀通印务有限责任公司

成品尺寸　170 mm×230 mm
印张　8.5　　字数　133 千
版次　2021 年 7 月第 1 版　　印次　2021 年 7 月第 1 次

书号　ISBN 978-7-5643-7996-4
定价　78.00 元

图书如有印装质量问题　本社负责退换
版权所有　盗版必究　举报电话：028-87600562

编制组名单

主要作者：胡 霞

其他作者：农兴中　史海欧　雷振宇　孙增田
　　　　　有智慧　王 睿　常 卉　贺昌全
　　　　　陈 强　杨雪松　金 宾

审 稿 人：苟明中　张培胜　卢家勇

前言

PREFACE

本书基于成都市轨道交通建设设计实践，探索与市政桥隧合建的地铁换乘车站一体化设计模式。内容从功能优先、空间整合、结构一体三个一体化要素入手，凝练出从项目组织到方案设计、辅助决策三步走的一体化设计流程，推导出12种可能性方案，总结出由站台组合形式、站厅形式、隧站关系、桥站关系到换乘站形式五步设计逻辑推理法；针对多方案辅助决策的问题，基于价值工程法，利用AHP法（层次分析法）建立由3个一级指标、11个二级指标构成的功能指标体系，以及面向全生命周期的由3个一级指标、11个二级指标构成的成本指标体系，并建立了以价值系数为判断依据的价值工程法辅助决策模型；最后以成都文化宫站为例进行方案推导及利用价值工程法进行多方案辅助决策实践。

作　者

2021年5月

目 录
CONTENTS

第 1 章　绪论……………………………………………001
  1.1　研究背景…………………………………………001
  1.2　研究对象…………………………………………003
  1.3　研究内容…………………………………………003
  1.4　既有研究综述……………………………………004
  1.5　研究意义…………………………………………008
  1.6　研究方法…………………………………………010
  1.7　技术路线…………………………………………011

第 2 章　一体化建设现状、问题及原因分析……………012
  2.1　一体化建设现状分析……………………………012
  2.2　一体化不足带来的问题…………………………012
  2.3　一体化不足的原因解析…………………………015
  2.4　成都地铁省体育馆站案例分析…………………016

第 3 章　一体化理念、要素与流程………………………030
  3.1　一体化理念………………………………………030
  3.2　一体化设计关键要素分析………………………030
  3.3　一体化工作流程研究……………………………032

第 4 章　一体化设计方案及其适用范围…………………033
  4.1　换乘行为与客流特征……………………………033
  4.2　换乘站类型、特点及其适用范围………………036
  4.3　地铁车站与市政隧道合建模式及其适用范围……044
  4.4　地铁车站与市政桥合建模式及其适用范围………058

4.5　一体化设计方案选型原则 ……………………………… 063
　　4.6　一体化设计方案特点及适用范围 ……………………… 066
　　4.7　一体化设计选型推荐 …………………………………… 091

第5章　一体化设计辅助决策方法研究 ……………………… 093
　　5.1　价值工程法简介 ………………………………………… 093
　　5.2　方案决策方法和流程 …………………………………… 095

第6章　一体化设计研究的应用 ……………………………… 105
　　6.1　成都地铁文化宫站项目概况 …………………………… 105
　　6.2　方案推导研究 …………………………………………… 106
　　6.3　方案比选分析 …………………………………………… 112
　　6.4　多方案辅助决策 ………………………………………… 117
　　6.5　文化宫站连通站厅方案与省体育馆站对比 …………… 121

第7章　研究总结与推广应用 ………………………………… 124
　　7.1　研究总结 ………………………………………………… 124
　　7.2　推广应用 ………………………………………………… 125

参考文献 ……………………………………………………… 126

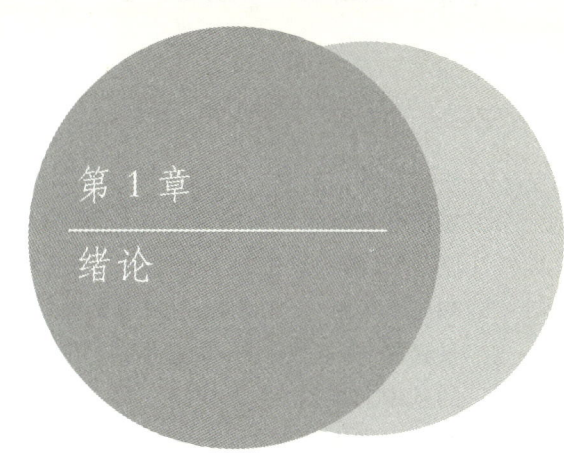

第 1 章
绪论

1.1 研究背景

城市轨道交通作为大容量公共交通方式已成为大城市或特大城市解决交通拥堵问题的必然选择。截至 2020 年底,全球有 77 个国家和地区的 538 座城市开通了城市轨道交通系统,运营里程超过 33 346 km,分制式来看,地铁、轻轨、有轨电车各占 52.7%、4.8%和 42.5%。其中亚洲地铁和轻轨里程较长,各占全球地铁和轻轨里程的 63.73%和 62.19%(表 1-1)[①]。

表 1-1　2020 年底世界轨道交通开通里程一览表　　单位: km

大洲	地铁	轻轨	有轨电车	总计
欧洲	3638.8	358.83	12 304.7	16 302.33
亚洲	11 207.37	986.79	931.9	13 126.06
非洲	107.9	107.03	201.44	416.37
大洋洲	36	—	251.5	287.5
北美洲	1 892.4	122.7	419.21	2 434.31
南美洲	702.3	11.5	66	779.8
总计	17 584.77	1 586.85	14 174.75	33 346.37

而中国轨道交通建设也在如火如荼地进行,据统计,中国地铁里程数排名世界第一,占全球地铁总里程的 22.63%(2020 年数据)。截至 2020

---

① 韩宝明, 代位, 张红健. 2018 年世界城市轨道交通运营统计与分析[J]. 都市快轨交通, 2019, 32(1): 9-14.

年 12 月 31 日，中国（统计数据不包括港澳台地区，下同）已有 44 座城市开通运营城市轨道交通线路 233 条，运营里程 7545.5 km，车站 4660 座。[①]成都从最初的 1 条线路、18.5 km、16 座车站，到 2020 年 13 条线路、335 座车站、557.8 km，轨道交通最高日客流量超过 700 万大关，年客运量超过 12 亿人次[②]。根据规划，至 2035 年，成都市在中心城区"环+放射"的基础上规划 37 条线路、共 1696 km 以构建网络化城市轨道线网，核心区线网密度达到 1.3 km/km^2，预计公交出行分担率占机动化的 70%，轨道出行量占公交出行量的 80%[③]。届时，地铁将在城市客运交通中发挥更大的力量和作用。

同时，由于我国特殊国情和经济发展阶段不同，当前城市道路交通欠账仍然较多，尤其是道路交叉口作为交通资源最为紧张、拥堵最为严重的交通节点，建设分离式立交（下穿隧道和跨线桥）以解放道路交叉口路面空间成为重要的一个选项。而城市轨道交通线路通道路由多选择城市主次干路网，一方面可以顺应城市交通布局、走向及换乘的需求，同时亦可减少对地块的切割以及对其内部建筑的影响。那么地铁站往往在市政桥、下穿隧道的节点处交叉，势必存在大量共线共面的情况。

共线共面的情况必然导致"抢空间"等问题的出现。谁先设计谁有优势，谁后设计处处受限的尴尬情况经常发生。如成都市地铁 1 号线与 3 号线换乘站省体育馆站的设计中，因隧道 1 号线已开通运营，同时下穿隧道已经规划设计完成，造成换乘站在后期设计中，存在空间受限、自身内部换乘流线不畅等问题。而下穿隧道在设计过程中，因预留换乘站空间等因素，存在多站厅空间分散、流线复杂、乘客体验不好的情况。从施工角度看，也存在重复开挖，增加工程风险，对现有道路交通影响大、影响时间长等问题。

因此，作为城市重要的市政基础设施，在面对分期建设带来的施工风险、预留浪费、机会丧失、长远影响等问题上，地铁换乘车站与市政桥、隧道的合建模式为什么未能推广，应从何处着手？其模式特点及其适用范围如何？多方案时又该如何决策？这些都是本课题拟研究的。

---

① 数据来源，交通运输部网站，http://www.gov.cn/xinwen/2021-01/06/content_5577537.htm.
② 数据来源，交通发布，https://baijiahao.baidu.com/s?id=1688034257570535513&wfr=spider&for=pc.
③ 数据来源，四川新闻网，http://scnews.newssc.org/system/20180302/000858967.html.

1.2 研究对象

本书主要针对基于市政桥隧合建模式的地铁换乘车站一体化研究，因此涉及地铁地下换乘车站、市政桥隧。由于地铁换乘车站与市政桥隧的合建模式比较复杂，为便于阐述合建模式及一体化设计理念，本书将研究对象限定于两线交叉换乘的地下车站。

为便于准确界定研究内容和范围，对涉及的几个名词进行定义。

地铁换乘车站：城市轨道交通系统的专用词，指供乘客在不同路线之间，在不离开车站付费区的情况下可进行跨线乘车的车站。本书限定的换乘站为地铁系统中两条线路间的地下换乘站，并仅限于十字形、T字形、L字形三种交叉形式。

市政桥梁：在城市范围内，修建在河道上的桥梁和道路与道路立交、道路跨越铁路的立交桥及人行天桥。本书限定的市政桥梁为城市桥梁中的跨线桥，即为跨越公路、铁路或城市道路等交通线路的桥梁。

市政隧道：一种修建在地下，两端有出入口，供车辆、行人、水流及管线等通行的工程建筑物。本书限定的市政隧道专指城市交通中车行下穿隧道。

合建模式：前述地铁换乘车站与市政桥隧的一体化设计模式，是规划设计模式，非结构设计模式。

一体化设计：应用计算机辅助设计技术实现不同工程的不同设计阶段、前后工序的数据传递，完成设计过程的主要工作。本书限定的一体化设计指城市内地铁换乘站、市政桥隧的综合规划设计。

为不再赘述，书中所提及的"一体化设计"均指两线交叉换乘的地下车站与市政桥梁、隧道合建时，设计采用的综合规划设计。

1.3 研究内容

本书主要针对前述研究对象的一体化现状问题、未一体化设计带来的后果及其背后深层次的原因，在此基础上分析一体化的理论、方法及工作流程，并从换乘车站的类型分析入手，提出两线交叉换乘车站的选型要点，进而分析单座地铁车站与隧道或桥梁的合建关系，再提出几个要素叠加以后的合建模式，对其特点及适用范围进行总结分析；然后借鉴价值工程法构建一体化多方案辅助决策模型及算法；最后结合工程实践案例来应用前述的模式及决策方法。

本书主要研究内容如下：

（1）未一体化设计带来的问题及原因剖析。
（2）一体化设计的理论与方法、工作流程。
（3）一体化设计方案的提炼与适用范围分析。
（4）多方案的决策模型及算法。
（5）实践工程案例应用。

1.4 既有研究综述

本节主要从研究角度就地铁换乘车站与市政桥隧一体化或合建模式方面的现有研究进行梳理。

1.4.1 国外研究现状

国外在地铁建设方面积累经验比较多，研究成果也很丰硕。其研究成果如下：

一是在地铁与隧道邻近区域不同工期建设条件下施工对隧道或车站带来的影响。如：Higgins 分别以不排水固结或桩基施工等因素，从桩-土-隧道三者相互作用角度进行分析，研究地铁施工对邻近隧道结构产生何种影响。Benton 和 Phillip 对施工过程中采用单桩与群桩的方式，就其荷载对隧道结构变形的影响进行了研究，研究发现：桩与隧的距离越大，隧道受施工带来的变形影响越小；同时隧道变形也会受到桩群荷载作用的影响，通过比较发现二者的影响方向却略有不同。

二是国外在定量研究辅助决策领域进行了广泛的研究。如动态分析方法广受大多学者的喜爱，渐渐地，又将统计学、运筹学和计算机科学运用到投资决策中，使决策科学有了更进一步的发展。1973 年，Cohon 与 Marks 将约束法应用于水资源的投资方案决策分析中；Goldberg 于 1989 年提出了将经济学中的Pareto理论与进化算法结合求解多目标投资方案决策优化问题的新思路，对于后续的研究具有重要的指导意义。

三是对价值工程法在成本优化和辅助决策方面的应用进行了深入的研究。价值工程法是由美国工程师麦尔斯在采购实践中创立的，是对产品的功能进行分析，使产品在必要功能得以保证的情况下总成本最低，使得产品价值得以提高的一门科学的技术、经济方法。价值工程法的重要目标是降低产品成本，细致地开展质量功能分析，去掉过剩的质量和多余的功能，重点控制成本，提高项目的经济效益、环境效益和社会效益，实现产品价值最大化。国外学者在地铁或隧道不同施工周期的安全和影响方面，以及在定量辅助决策特别是在价值工程法方面的研究很多，但是在地铁车站与市政桥梁、隧道合建模式方面的研究相对较少，值得结合国内大量的工程实践进行总结研究。

1.4.2　国内研究现状

近年来，国内的工程设施建设量大面广，积累了大量的工程实践和研究成果，与本书有关的研究内容和方法主要集中在以下几个方面。

1.4.2.1　换乘车站的有关研究

与地铁换乘车站有关的研究较多，针对换乘站设计方面的有：

赵天智（2005）以广州地铁3号线、4号线的设计为例，研究其客流组织形式，分析其地下车站的站厅、站台建筑设计和规模，得出了现状平面布置形式，并阐明了其控制因素和设计的合理性。王蓉蓉（2007）探讨了换乘车站的设计原则、布局和方法，通过对站内客流的计算机动态仿真模拟分析，总结了其对换乘车站规模与布局的影响情况。戴源廷（2011）所著《地铁换乘方式的思考》在分析换乘心理特征的基础上，分析了既有的换乘形式优缺点，并提出了双向同台换乘的形式。广州地铁设计院（2011）开展的"换乘车站形式设计"研究中，在案例分析的基础上，结合换乘站形式和车站形式组合总结了12种换乘站形式，并对适用的客流范围进行了分析，对换乘站设计有一定的借鉴意义。

此外，还有针对换乘站评价方面的研究。张欣鑫（2008）等在充分考虑行人舒适性、安全性和可靠性等定性评价的基础上，以乘客步行距离作为评价枢纽客流交通组织的主要量化指标测算行人最大步行距离、平均步行距离、绕行系数，以评价枢纽布置的方便性，进而评价枢纽内部布局的合理性。方蕾（2004）建立了轨道交通服务质量评价指标体系，用模糊综合评价法对服务质量进行测评。陈曼瑜（2016）运用多变量综合评价的方法，建立了以乘客为中心的地铁乘客服务水平评价体系，确定了评价体系的递阶层次模型和统计处理方法。娜兰左（2012）在《城市轨道交通T型换乘站客流组织评价方法研究》中首先介绍了城市轨道交通换乘站中T型换乘站的相关理论，并详细分析了T型换乘站的基本换乘方式与高峰期客流特征；其次从换乘车站客流组织的高效、便捷、安全、舒适四项原则出发，结合高峰期客流组织特点，确定了客流组织过程中组织方案的主要指标并给出了量化方法；最后根据客流组织方案评价涉及的指标因素层次性和方案评价比较强的主观性，选择多层次模糊综合评价模型对轨道交通换乘车站客流组织方案进行评价。

1.4.2.2 地铁车站与市政桥隧合建模式的有关研究

在地铁换乘车站、市政桥梁、隧道三者合建的研究中，可分为两方面。

一方面是以结构优化研究为重点。如汪乐在《地铁明挖车站-市政桥梁合建结构的关键技术研究》中提出地铁明挖车站和市政桥梁合建时，应对其中的关键技术难题进行分析研究，以采取合理可行的结构形式。该研究依托成都地铁白佛桥明挖车站与其上部市政桥梁的建设，总结国内类似工程经验，根据工程特点确定桥梁承台与地铁车站顶板进行固结连接，桥梁跨度与地铁车站框架柱跨进行匹配，同时桥墩避开地铁车站端头井、换乘节点等复杂结构受力区域进行布设。又如，刘辉在《地铁车站与市政下穿隧道合建设计要点浅析》中以具体工程为例，阐述了在轨道交通设计中，地铁车站与市政下穿隧道合建的结构类型、空间关系以及二者之间结构的处理方式。

另一方面以施工技法研究为主。如刘苏明、石达强在《"站桥合一、先桥后站"盖挖地铁车站关键施工方案的比选与优化》中以某盖挖顺作地铁车站施工为例，对车站在复杂环境条件下的基坑开挖出土、钢管柱连接、钢筋混凝土支撑体系拆除等几项关键工序所采取的方案进行比选，最终选择了"出土孔上配龙门吊+局部坡道"开挖出土方案、钢管柱现场法兰连接方案及金刚石绳锯切割钢筋混凝土支撑体系方案。

1.4.2.3　多方案辅助决策方法研究

目前在地铁车站多方案决策中仍然以主观决策为主，客观理性的量化分析研究相对较少。

孔凡国（1999）在《基于模糊神经网络的多方案优选方法的研究》中针对多属性、多准则的机械方案优选权重难以确定的问题，提出权重分配的神经网络模型，使权重的确定较为客观准确，并具有自学习功能。周慧兰（2010）在《价值工程在多方案优选中的应用浅析》中将价值工程集技术分析与经济分析于一体的思想运用到建筑工程方案优选中，可得到高价值的设计方案，进而提升建筑设计的内涵。文章运用具体的方案优选实例，阐述价值工程的应用方法和步骤。周燊（2017）在《基于价值工程的住宅项目投资方案决策研究》中从住宅项目的功能视角进行研究分析，结合价值工程研究的功能、成本和价值，系统分析了住宅项目的功能、有效投资和价值；然后建立了住宅项目投资方案决策模型，在此模型中，利用行业经验值估算各方案的有效投资并计算其相应的投资系数，采用层次分析法确定各影响因素的权重，结合模糊数学并运用模糊综合评判法将住宅项目的功能进行量化，最后运用价值工程理论选择性价比较好的功能设计方案。郑霞忠等（2018）在《考虑心理距离的多目标灰靶决策模型》中针对多目标决策问题，结合决策者心理作用下的决策偏好，以心理距离度量决策者与决策对象之间的关系远近，融合决策者的决策属性值与心理距离，生成二维空间决策坐标集，将坐标集代入灰靶决策矩阵，设计二维欧式空间坐标体系，参照空间坐标点运算法则，求解靶心坐标；采用层次分析法确定指标权重大小，计算坐标点与靶心点之间的距离，构建基于心理距离的多目标加权灰靶决策模型，推求综合效果测度值。周恒等（2017）在《基于多层次模糊决策模型的地下综合管廊软土地基处理方案优选》中建立了富水软土地区城市地下综合管廊软土地基处理方案的多层次模糊决策模型；对准则层和指标层影响因素权重进行赋值，得到了管廊软土地基处理方案影响因素的权重；确定了软土地基处理方案的指标评语与隶属度，得出软土地基处理方案综合定量评价分数，由分析结果得出了优化方案，同时该研究成果可为富水软土地区城市地下综合管廊的软土地基处理决策提供科学的依据。

在工程设计多方案优先决策方法研究方面有很多成果积累，部分方法过于复杂，反馈性不强，从实践操作层面来看，价值工程法具有较强的借鉴价值。

1.4.3 小 结

从目前的研究现状来看，地铁车站与市政桥隧合建模式有关的研究成果较多，在换乘站形式、适用范围等方面有较多的积累，在多方案评价方面也有很多不同的理论和方法进行尝试。总体说来，在地铁站与隧道及市政桥梁的合建技术方面，国内外专家学者对其研究较少。现有的研究文献中，大体有以下不足：

（1）地铁站、隧道、市政桥梁的合建研究中，以结构设计和施工技法为主要研究方向居多，缺乏对具体的设计思路、经验原则与理论体系的总结与归纳。

（2）多数研究以定性研究为主，缺乏量化指标的研究与应用，对后期设计指导性不强。

（3）多数研究并未形成多方案比较的评价体系，部分存在评价体系的研究中，仍然缺乏主要量化指标，不能很好地在后期多方案对比中，为决策者提供决策依据。

（4）针对与市政桥隧合建模式的地铁换乘站一体化设计研究和将多方案评价应用于地铁换乘车站的一体化规划设计几乎没有。

1.5 研究意义

党的十九大以来，在以习近平同志为核心的党中央的正确领导下，交通运输事业发展取得重大成就，中共交通运输部党组提出，瞄准建设交通强国奋斗目标，奋力从交通大国向交通强国迈进。地铁换乘站与市政桥梁、隧道一体化设计区域作为城市交通路网上的重要节点，是地上交通和地下交通共同设计、共建共享的关键性工程。其设计、施工均对城市发展与周边建设有着举足轻重的影响，更是确保城市交通能够实现快速、便捷、安全、可靠的重要环节。

研究聚焦基于市政桥梁、隧道合建模式的地铁换乘车站一体化设计，其研究意义主要体现在以下两个方面：

1.5.1 现实意义

第一是梳理了当前未能一体化的原因及会产生的问题，在此基础上，提炼出了一体化的关键要素及操作流程，对于相关机构在组织一体化设计工作中有一定的现实借鉴意义。

第二是从研究重点关注的两线交叉换乘站的角度出发，对两线交叉换乘站的形式、优缺点等进行总结对比分析，并结合市政桥梁、隧道与单个地铁车站的合建关系总结一体化要素的要点，然后引出与市政桥梁、隧道合建的两线交叉换乘车站一体化设计研究，分析一体化设计方案的特点及适用范围，这对相关工程设计人员有一定的工程借鉴价值。

第三是对决策方法进行了研究，提出了一套适用于价值工程法的指标体系，设计了一套具有可操作性的决策模型，有助于相关设计和决策人员进行辅助决策。

第四是结合实践案例进行了详细分析和决策分析，有助于理解本研究的总体思想。

总之，本研究在现实意义层面，为地铁换乘站与市政桥梁、隧道的合建模式实践提供了一套切实可行的操作体系，对于提升重要交通节点的整体功能和降低其全生命周期成本具有重要的现实意义。

1.5.2 理论意义

第一是对于地铁换乘车站与市政桥梁、隧道的一体化设计思想、理念以及操作模式具有一定的理论意义。

第二是对于换乘车站和市政桥隧三者之间的合建模式、设计思维过程、比选思路等具有一定的理论意义。

第三是建立了一套适用于该类重点工程的决策方法体系，对于方案优化、辅助决策具有一定的理论意义。

1.6 研究方法

根据广州地铁设计研究院股份有限公司在工程实践经验中发现的设计问题，按照"提出问题—分析问题—解决问题"的基本逻辑，进行选题分析研究；结合实际工程经验，综合运用文献研究法、问卷调研法、系统分析与价值工程法、实证分析法及多学科介入法等方法开展本课题研究。

1.6.1 文献阅读与分析

通过各种媒介的大量文献资料，掌握当前国内外关于地铁换乘车站与市政桥梁、隧道的合建模式及与一体化理念有关的设计建设状况、研究成果。

1.6.2 实地调研、问卷调查

采用现场问卷调研以及专家问卷调查等方式，对目前成都市类似的地铁换乘车站与市政桥梁、隧道有关的车站换乘客流的基本状况以及乘客对地铁换乘的需求及出行满意度进行调查。主要针对目前成都正在运营的有市政桥梁或隧道的地铁换乘车站的使用状况，调查这类换乘车站中乘客出行的站内交通需求、站外交通需求以及管理中遇到的不便，总结该类地铁换乘车站在功能使用中存在的问题和乘客的意见，为一体化设计提供数据资料。

1.6.3 工程实例分析

结合广州地铁设计研究院股份有限公司相关工程案例，就其项目背景、设计边界条件进行分析，根据一体化设计方法，推导出相应的可能方案，按价值工程法进行多方案辅助决策研究，得出推荐方案。

1.7 技术路线

本研究的技术路线如图1-1所示。

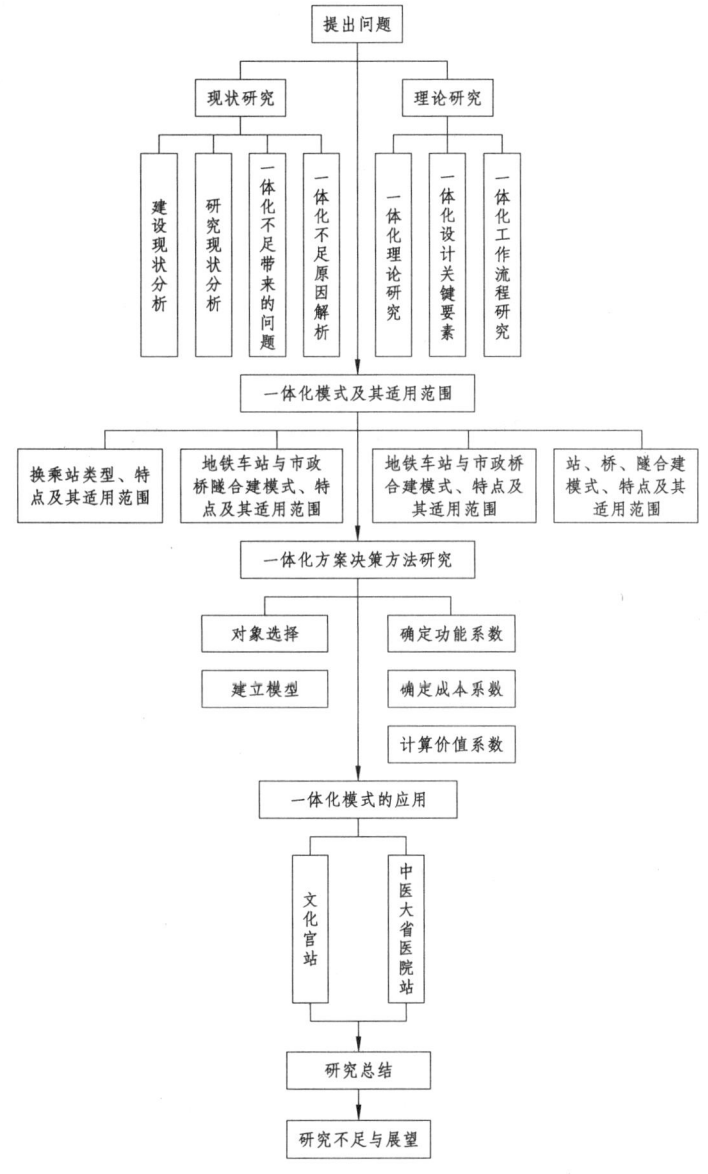

图1-1 研究技术路线

第 2 章
一体化建设现状、问题及原因分析

2.1 一体化建设现状分析

随着国内各大城市地铁建设规模的不断增大,地铁换乘车站数量随之增多。地铁换乘车站与市政桥梁、隧道共线共面的情况越来越多,而真正意义上的合建案例却很少。以成都市为例,截至2020年底已开通13条线路,线路总长557.8 km,共计336座车站投入运营,共计47座换乘站(图2-1)[①]。与市政桥隧合建的换乘车站位于城市主干路或次干路交叉口,很少按一体化设计实施,给后期城市建设带来了较大的困难。同时,轨道交通线网建设也面临改建难度大、一体化实施机会丧失等问题。

2.2 一体化不足带来的问题

2.2.1 交通功能损失

交通功能是该类设施的本体功能,规划统筹不足使得一体化设计不足,进而导致交通功能损失。主要表现为以下两点:

---

① 数据来源:成都轨道交通集团有限公司。

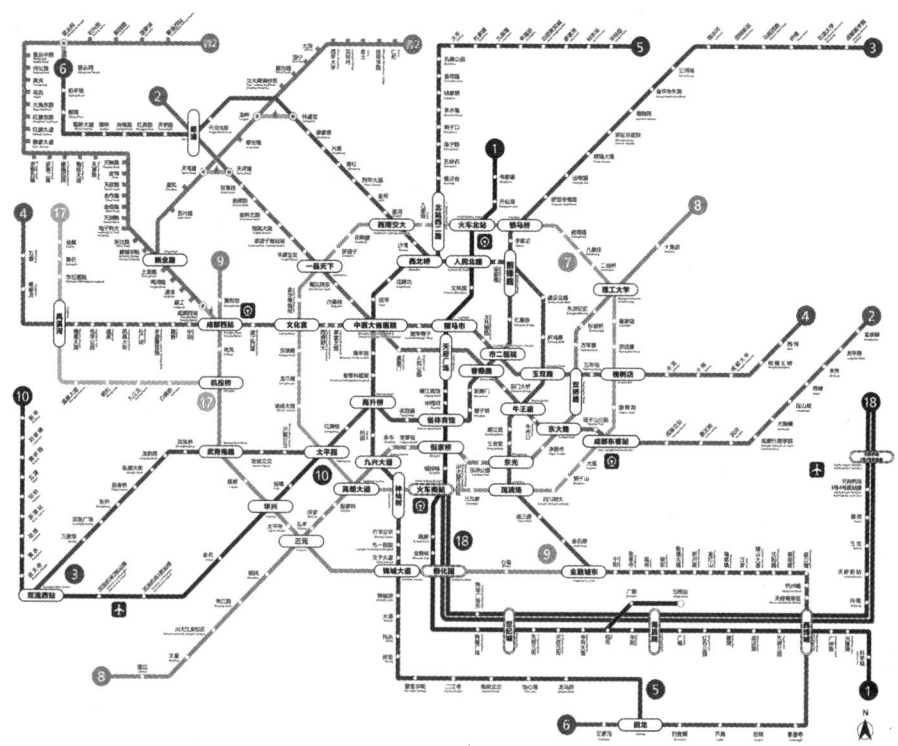

图 2-1 成都市已开通轨道线网示意图

图片来源：成都轨道集团有限公司

（1）人行过街功能损失。由于市政隧道对道路的阻隔作用，使隧道两侧的地下过街功能无法直接实现，需绕行到地面或在市政隧道下方另建过轨通道解决。

（2）站内交通功能损失。车站出入口设置受市政隧道影响，导致进出站人流不畅，换乘路径迂回、过长，服务便捷性差等问题。

2.2.2 空间资源浪费

随着城市的快速发展，城市空间资源越来越紧张，尤其是该类重要的综合交通节点的空间，涉及地上、地下立体空间，更需要科学规划。

一体化设计不足时，前期工程占据较多的空间资源，未考虑为后期工程预留条件，导致后期工程空间无法利用，需对前期工程进行改造，才能实现后期工程的功能，由此造成巨大的浪费。

2.2.3　施工周期延长

一体化不足带来的最明显影响是反复施工导致施工周期延长。一方面，项目工程量增加，加大措施费用，造成工程浪费；另一方面，道路反复开挖施工，影响城市交通，造成交通拥堵、出行不便，影响城市功能发挥，商业价值受损，社会影响不佳。

2.2.4　建设资金浪费

由于市政桥隧与地铁换乘车站独立设计、分别建设，未统筹规划，进行资源共享，同时反复施工开挖的人工成本和项目工程量的增加都造成建设资金浪费。

2.2.5　建设风险增大

建设风险高是项目未一体化设计的另一个弊端。不论是先施工上部隧道还是先施工下部车站，都会引起原有结构体系的应力变化，对已运营的部分产生影响，当施工方法或控制不当时，可能会造成原有结构的破坏，增大建设风险。

2.2.6　景观环境不佳

换乘车站、市政桥梁、隧道的建设均影响城市的空间布局，其合理布局与有效共享均会对项目的经济、景观、效益等方面产生直接影响。不同线路的附属设施分设布局，不仅占用空间大，资源浪费多，而且杂乱无章，影响城市景观。

2.2.7　合建机会丧失

由于地铁车站与市政桥隧等项目都属建设量大、投资较高的重大工程项目，尤其是地铁车站与隧道位于地下，一旦建成，改建困难，因此其建设多为一次成型，这也意味着一体化设计机会一旦错过，将丧失合建机会。

2.3 一体化不足的原因解析

地铁工程由轨道集团市级部门主导，而市政工程由区级主导，尽管当前成都市已有推进一体化工作。受篇幅所限，如何协调统筹推进，实现同期与分期相结合并且充分预留条件的研究实践在此不展开分析。在不考虑以上因素的影响下，地铁车站与市政桥隧一体化不足的原因还有以下几个方面。

2.3.1 理念落后

由于地铁车站与市政桥隧合建形成的综合交通节点属于一个系统工程，涉及长远规划与近期落地之间的矛盾。目前项目主管部门、建设部门及设计部门等都存在理念相对滞后的情况。

2.3.1.1 主管部门——先进理念不足

主管部门主要工作在于顶层设计以及协调工作，由于该项目包含多专业、多工种且与多部门相关，而主管部门的管理人员多非专业人士，存在对现行设计理念学习相对滞后的情况，导致其对先进的一体化设计理念认识不足，对新技术、新方法了解不足，常常错失从顶层设计和协调工作中开展一体化设计工作的机会。

2.3.1.2 建设部门——建设时序不协同

地铁车站与市政桥隧合建模式中的地铁车站、桥梁和隧道，每一项子工程都属于其系统工程的一环，每一项子工程都受其系统规划的影响，均由不同的建设部门完成，如地铁车站一般由轨道集团建设，市政桥隧由市政建设部门建设，常常因为不同的建设时序而无法统筹规划、一体化设计。

2.3.1.3 设计部门——话语权不足

设计部门虽然对先进设计理念有一定的了解认识，但在实际设计项目中，设计方在一体化设计中由于话语权不足，导致设计部门在一体化设计方面的主动性不够，协调效果不佳，久而久之设计部门在遇到一体化难度较大时就会放弃一体化设计的努力。

2.3.2 条块分割

条指的是由中央直属部委自上到下的一种指挥体制,属于垂直、纵向管理。块则是以地方行政当局统管的某一区域全部的行政行为的一种概括描述,属于平行、横向管理。条块分割是比喻两种指挥体系把整个国家人为分割成不同的领域。用在此处则是比喻地铁车站与市政桥梁、隧道分属不同的部门,无法做到有机整体、相互协调。因此重要的是减小部门间的鸿沟,建立有效的沟通协调机制。

2.3.3 机制缺乏

一体化设计无法顺利实现的重要原因之一是机制的缺乏,这也是前几条影响因素的直接诱因。各行政部门应根据自身管辖工程的设计需求,统一上报,形成由主体单位统筹设计,各行政部门辅助配合的协调共同体。而机制的匮乏,正是使一体化设计难以推进的主要原因。

2.4 成都地铁省体育馆站案例分析

上述已从总体层面分析了目前地铁换乘车站与市政桥隧合建现状及其问题,本节将以已建成运营的成都地铁省体育馆站(1、3号线换乘车站,图 2-2)为例,从具体案例出发分析一体化设计的现状及遇到的具体问题。

图 2-2 省体育馆站 1 号线建设前状况照片(笔者自摄于 2005 年)

省体育馆站为成都地铁1、3号线换乘站,位于成都市一环路南三段和与人民南路三段交叉路口,呈十字形换乘。1号线车站布置在人民南路的西侧,呈南北走向,于2010年通车运营。3号线车站布置在一环路,呈东西走向,于2015年通车运营。省体育馆市政隧道沿一环路呈东西走向下穿人民南路,于2014年通车运营。市政隧道与3号线车站方向一致,位于车站正上方,采用隧道底板与车站顶板"共板"的方式合建。

省体育馆站建设周期长,历经多次改建,是一个典型的一体化设计不足案例。下面从两个阶段来分别阐述其项目背景、边界条件、方案简介和主要优缺点。

2.4.1　1号线设计阶段

2.4.1.1　项目背景

2005年,成都地铁1号线启动建设。省体育馆站位于一环路与人民南路交叉路口。1号线沿人民南路南北向,规划3号线、市政隧道沿一环路东西方向。1号线车站设计时预留3号线和市政隧道实施的条件。1号线设计客流为远期早高峰小时上车人数为17 950人。

2.4.1.2　设计边界条件

周边主要的边界条件包括:

(1)规划信息:规划与地铁3号线换乘,沿一环路有规划市政隧道。

(2)施工要求:车站所处站位为城市主干道和城市景观中轴线,对施工期间交通疏解及景观的要求较高。

(3)综合管线:一环路南北两侧有埋深3.0~4.0 m的DN1000雨水管,一环路北侧有埋深6.0~7.0 m的DN1000污水管,人民南路东侧有埋深6.0~7.0 m的DN800污水管,人民南路路中有埋深约4.0 m的DN1500雨水管。

(4)周边建筑:周边建筑物密集,建筑距离道路红线较近,部分建筑紧邻道路红线修建，主要有 A 世界电脑城、数码大厦、四川省体育馆，西北象限为拆迁空地，拟建人南国际商业综合体。

2.4.1.3 方案简介

1 号线车站沿人民南路南北向布置在道路西侧；规划 3 号线车站东西向布置在一环路南二段和南三段之间，与市政隧道合建，位于市政隧道下方。两线车站均为地下二层的岛式车站，在道路交叉口呈"十"字换乘。其中 1 号线车站站厅被东西向下穿隧道分隔成南北两个分离站厅，通过 1 号线车站主体两侧外挂通道连通南北两个站厅。1 号线车站站台层为 13 m 站台，设置在 3 号线车站站台层上方，预留与 3 号线站台到站台十字节点换乘（图 2-3～图 2-7）。

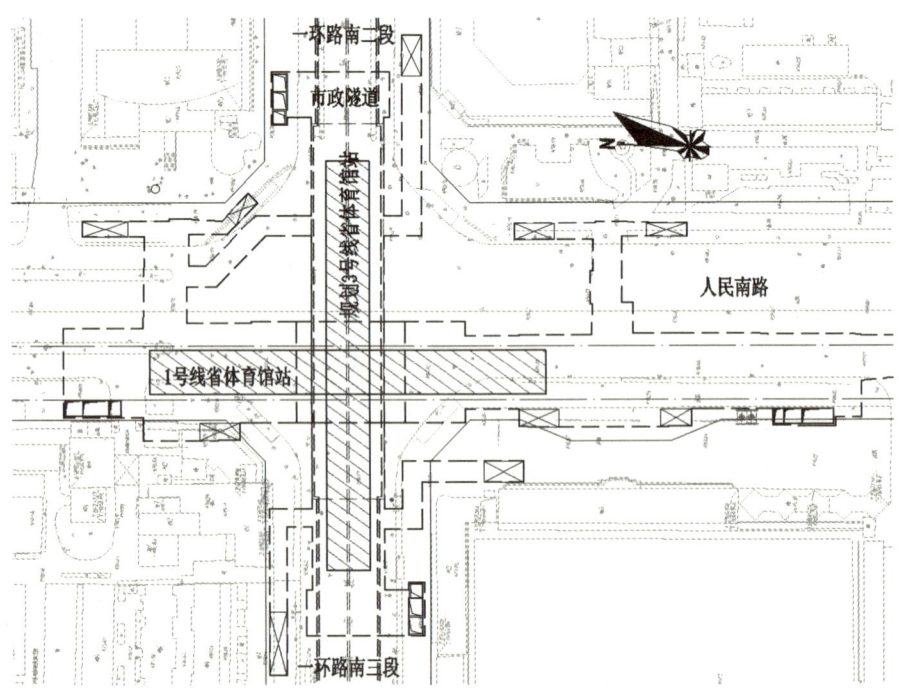

图 2-3　省体育馆站 1 号线阶段总平面图

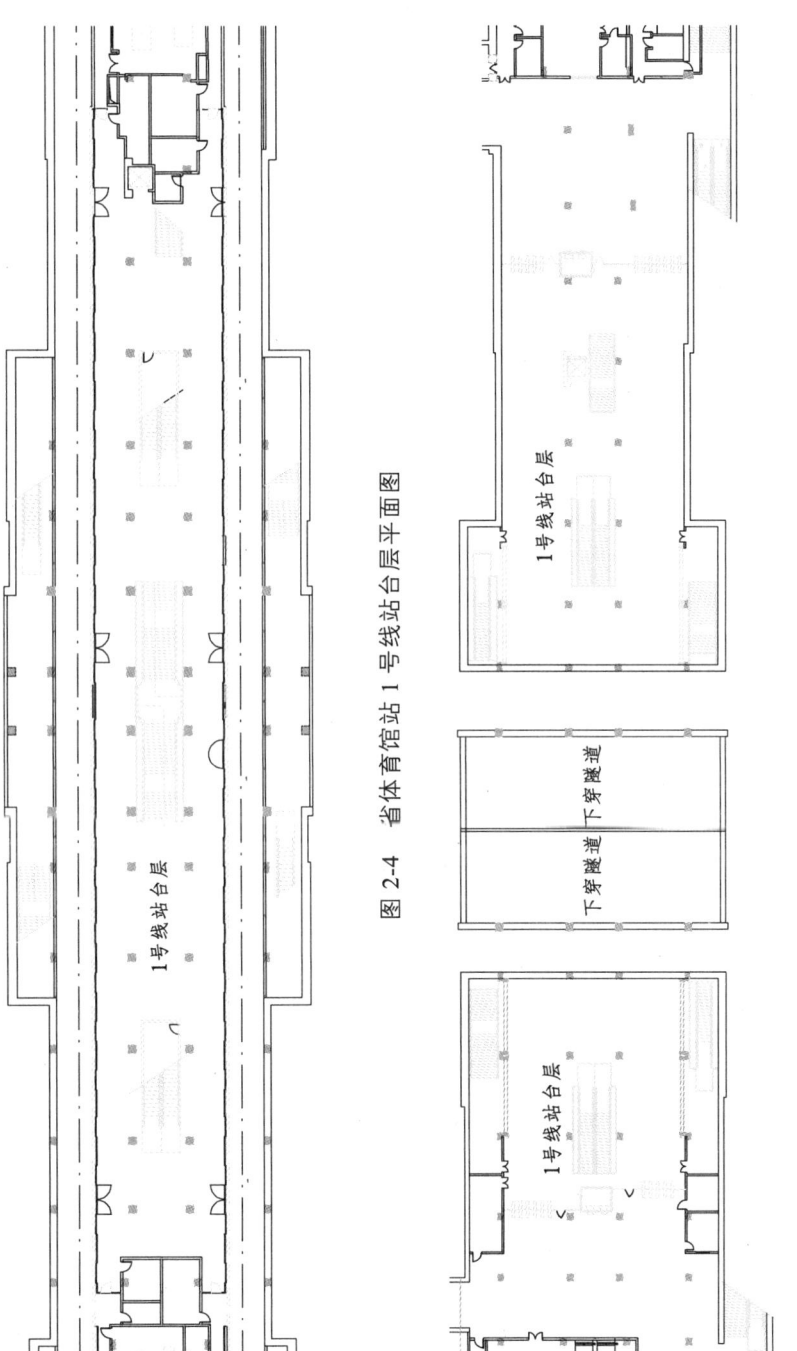

图 2-4 省体育馆站 1 号线站台层平面图

图 2-5 省体育馆站 1 号线站厅层平面图

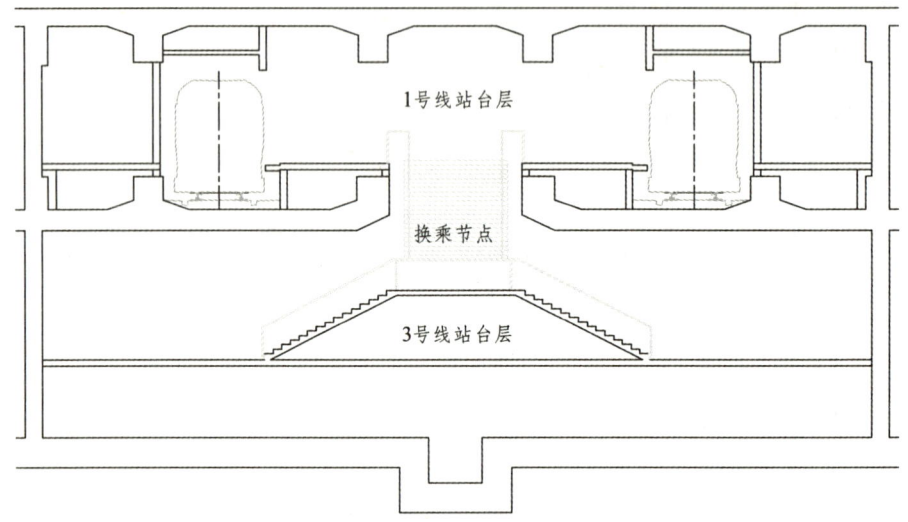

图 2-6　省体育馆站 1 号线东西向剖面图

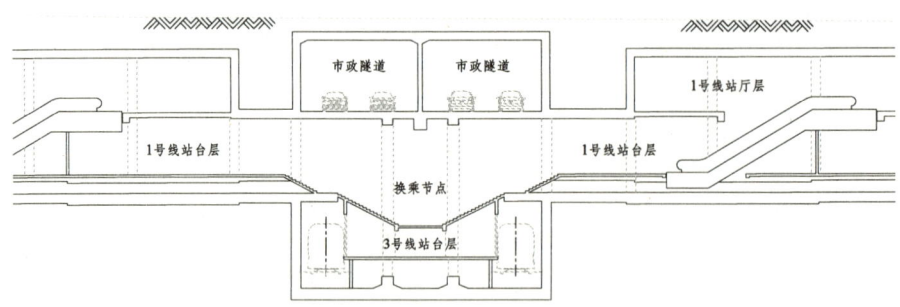

图 2-7　省体育馆站 1 号线南北向剖面图

2.4.2　3号线设计阶段

2.4.2.1　设计边界条件

2012年，3号线启动建设。1号线已开通运营，此时客流输入条件远大于1号线设计阶段。1号线实施时已预留与3号线的"十"字岛换乘节点，已实施的3号线站台宽度为13 m，换乘楼梯宽度为3.0 m。规划下穿隧道与3号线车站同步设计，同步实施。毗邻3号线站厅的人南国际地块与3号线同步设计，分期施工。因此，为了满足3号线阶段客流需求，设计方案将原1号线阶段预留的"正'十'字节点换乘"改为"偏'十'字节点换乘+换乘通道"的换乘模式。原设计仅预留了3.0 m换乘楼梯，不足以应对3号线阶段的设计客流，因此3号线方案增加了换乘通道，由此带来了对1号线既有节点及既有外挂通道的改造。

2.4.2.2　方案简介

3号线车站设计为地下三层站，地下负一层为下穿隧道和1号线站厅。为利用负一层空间，充分联系周边地块，设计在市政隧道南北两侧扩挖外挂站厅实现3号线与1号线既有站厅相接，形成厅到厅换乘，并与人南国际以及周边地块相接，形成地下慢行系统。地下二层为3号线站厅及1号线站台。地下三层为3号线站台层，在3号线站台中部设置楼梯与1号线站台连通，在站台东部设置换乘楼梯与1号线站厅连通（图2-8~图2-14）。

在这个阶段，为保证换乘的便捷性与舒适性，避免大客流对车站造成冲击，设计对1号线进行了局部改造。主要改造点为：

（1）增加3号线与1号线站厅换乘，即对1号线站厅进行扩厅，以形成两线站厅连通。

（2）扩大原预留站台换乘节点楼梯宽度，即对1号线站台东侧过轨通道进行改造，以在3号线站台增加一处换乘节点。

由剖面图可以看出，1号线车站为地下两层岛式车站，负一层为南北分离式站厅层，负二层为站台层，负一层站厅层被已实施的下穿隧道框架段结构隔开，成为南北两个分离式站厅。3号线车站为地下三层岛式车站，负一层为下穿隧道，负二层为站厅层，负三层为站台层，下穿隧道西端船槽段，框架段的底板与车站顶板共板。1号线站台上方隧道部分以及与3号线站台换乘楼梯已与1号线同步实施。3号线站厅位于隧道下方,属于典型的隧下式车站。

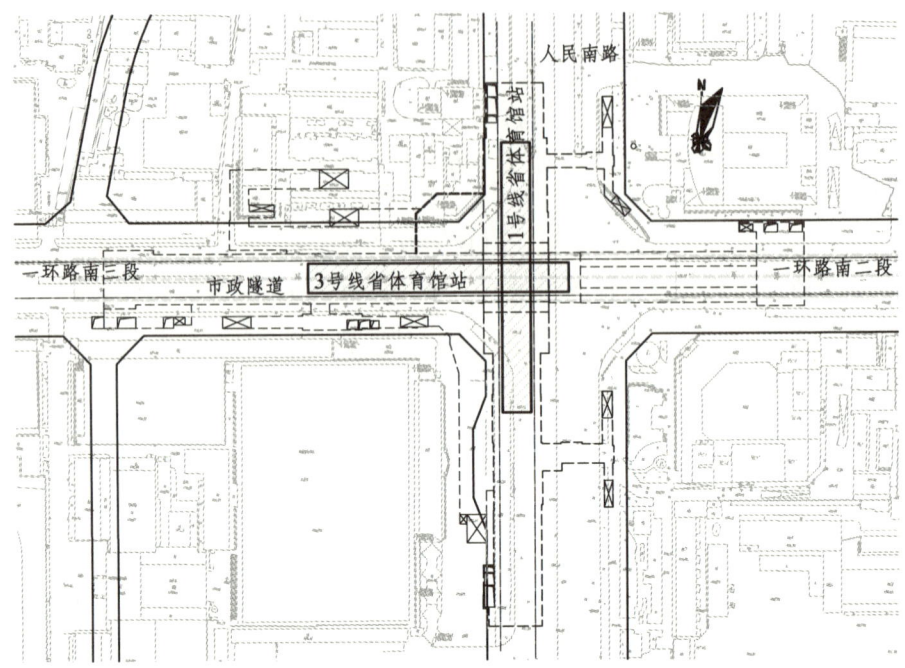

图2-8　省体育馆站3号线总平面

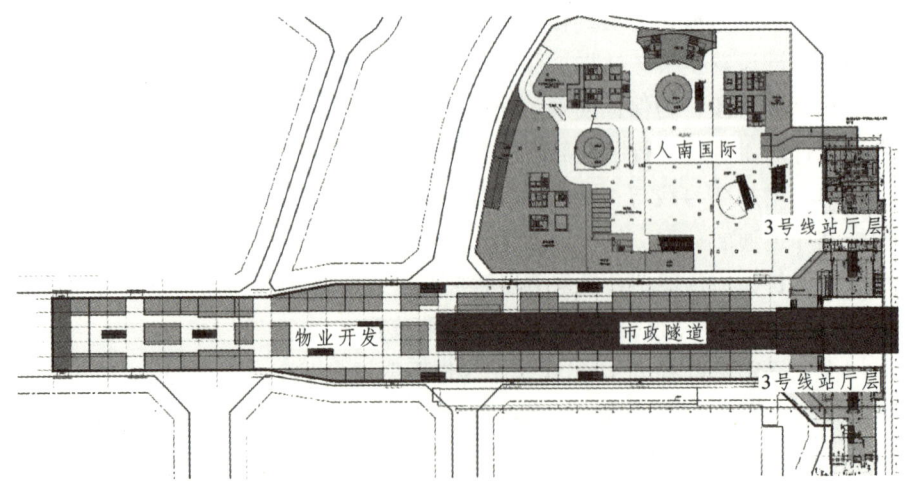

图2-9　省体育馆站负一层平面图

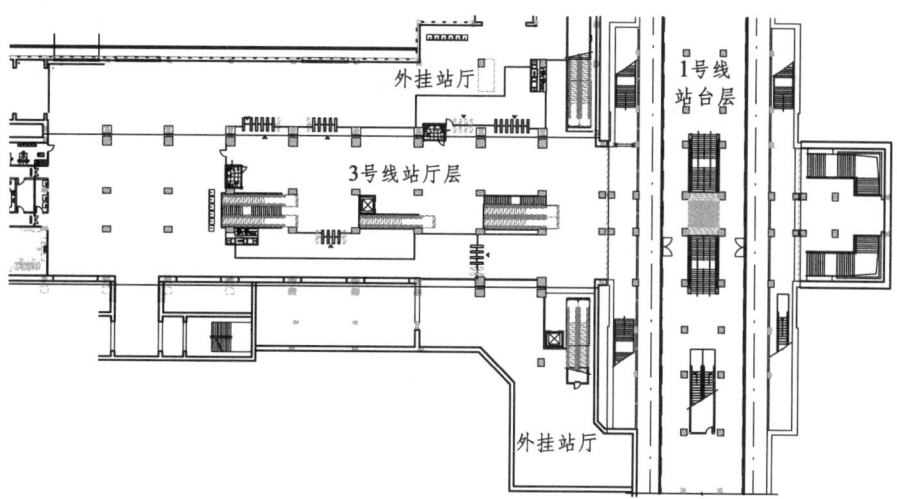

图 2-10 省体育馆站负二层站厅平面图

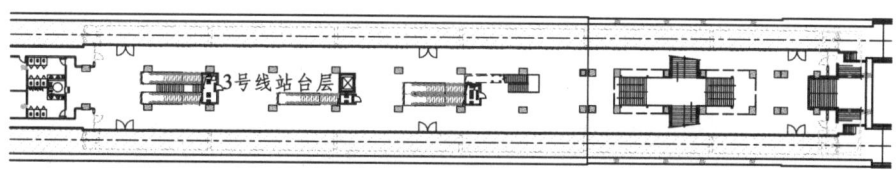

图 2-11 省体育馆站负三层

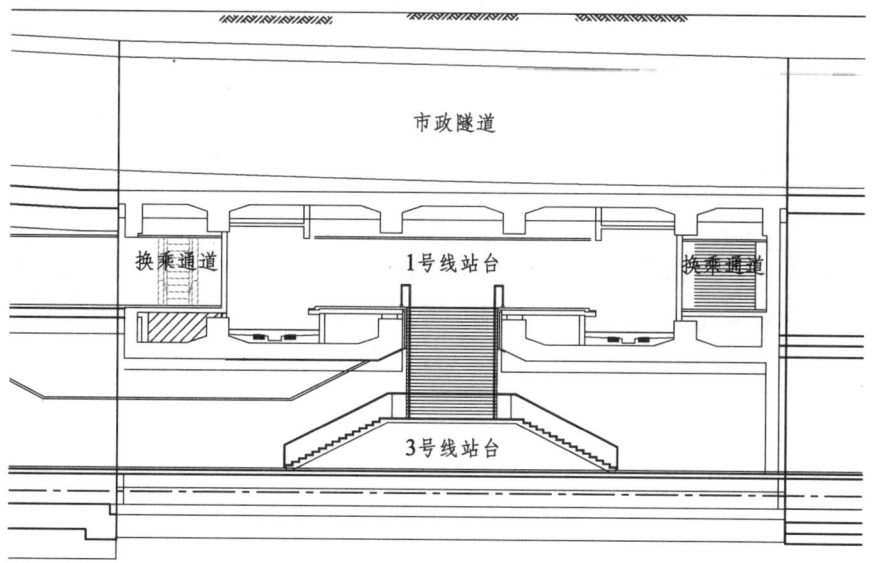

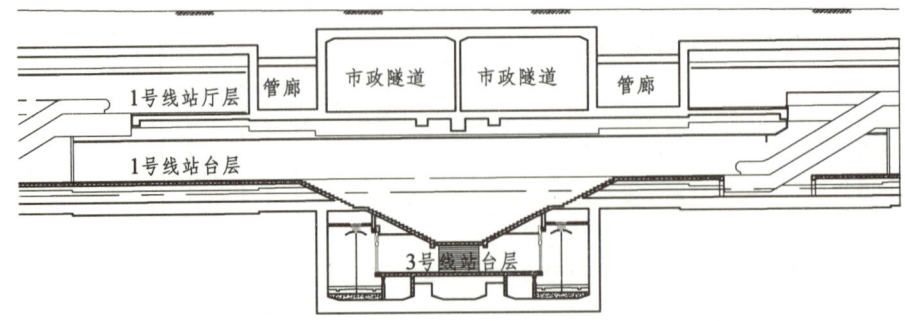

图 2-12　省体育馆站 3 号线与隧道剖面关系示意图

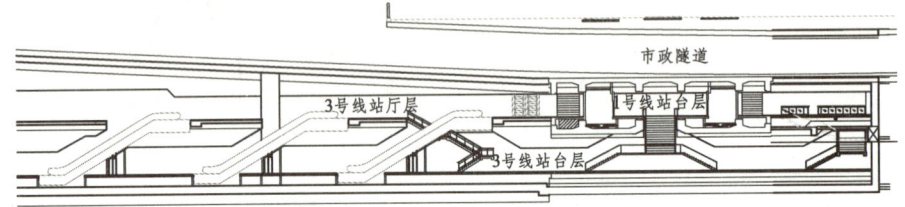

图 2-13　省体育馆站 3 号线纵剖面图

图 2-14　省体育馆站 3 号线剖透视图

2.4.2.3　建成后主要问题分析

1）站外交通问题

（1）地下过街功能不足。

总体而言，省体育馆站地下过街功能匮乏，存在地下过街距离过长、路线复杂、引导不清等问题。主要表现为沿一环路东西向布置的市政隧道，割裂了地下负一层的南北向交通。若要跨越一环路实现南北向的地下人行过街功能，需绕行到3号线负二层站厅，方能实现，但距离过长，效果不佳。且站内空间迷向感强，缺乏有效引导设施，地下过街功能几乎无法实现，如表2-1、表2-2、图2-15所示。

表2-1 省体育馆站出口及所在象限对应

所在象限	第一象限（东北）	第二象限（西北）	第三象限（西南）	第四象限（东南）
出口名称	D1、D2	A、E	F1、F2、B	C

表2-2 省体育馆站过街距离及时间对比

过街互通方向	互通情况	过街距离/m	步行时间/s
一、二象限	直接相连,可直接通过1号线北厅过街	102	89
二、三象限	直接相连,可通过负二层3号线站厅过街	171	149
三、四象限	直接相连,可直接通过1号线南厅过街	144	125
一、四象限	非直接连通,需经负一层1号线北厅、负二层3号线站厅、负一层1号线南厅绕行	328	285

图2-15 省体育馆站过街流线示意

（2）部分站点出入口设置不合理。

由于 1 号线与 3 号线分期建设，未考虑资源共享，导致车站改造期间新建部分临时出入口与现有出入口位置过近、流线交叉等。如图 2-16 所示省体育馆站 A 口与 E 口，明显存在距离过近（小于 50 m）、辐射象限相同、朝向相同等问题。

图 2-16　省体育馆站出入口设置距离过近

2）站内交通问题

（1）换乘问题。

省体育馆站（2019 年）现状为 3 号线与 1 号线换乘。现状省体育馆站流量较大，有较大换乘需求。经现场调研，早高峰 3 号线换乘 1 号线客流为 9 696 人/h，1 号线换乘 3 号线客流为 3 137 人次/h。

该站换乘问题主要表现：一是换乘流线复杂、交叉，对交通参与者而言容易迷路；二是早高峰换乘拥堵。该站 1、3 号线换乘模式按客流强度主要分为以下三级：非高峰时段两线换乘需求均通过小十字岛换乘；工作日高峰时段采取单向换乘组织，3 号线换乘 1 号线直接通过十字岛上楼梯换乘，1 号线换乘 3 号线需先上至负一层站厅再下至负三层；客流超高峰时段双向换乘均需经站厅绕行，如表 2-3 所示。

表 2-3　早高峰省体育馆站 1、3 号线换乘距离及时间对比

项目	1 号线换乘 3 号线	3 号线换乘 1 号线
换乘距离/m	139.7	75.0
换乘时间/s	109.5	67.5

上述问题主要源于该站设计时没有考虑一体化设计，1号线设计时对客流预测较低，预留换乘节点采用小十字岛换乘形式，换乘客流主要集中于换乘节点，换乘能力不足；而运营中采用结合站厅换乘形成单向换乘组织模式，导致另一方向换乘距离远，换乘效率不高，如图2-17、图2-18所示。

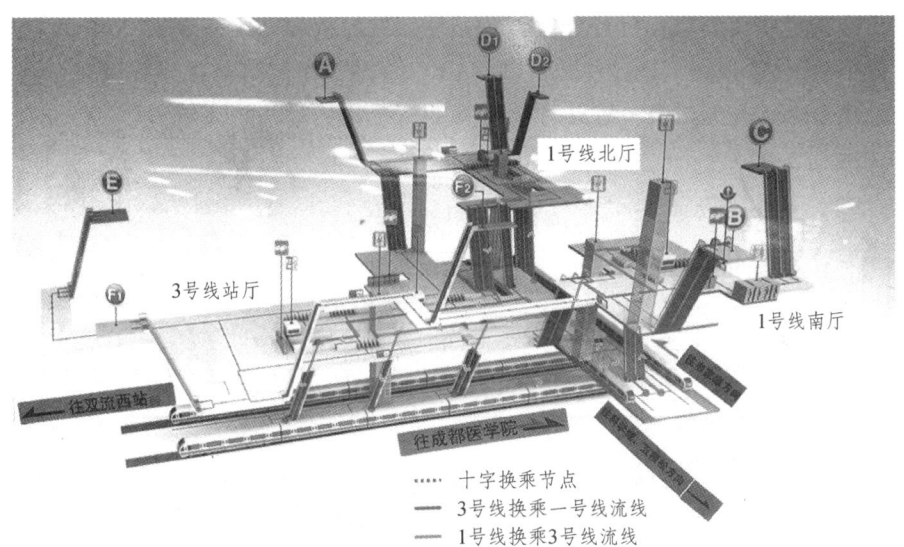

图2-17　省体育馆站换乘流线示意

图2-18　1号线换乘节点引导标识

（2）进出站问题。

1号线南北分离式站厅造成了出站不便的问题。1号线出站乘客在站台就需选择楼扶梯经北厅或南厅出闸机到达非付费区。若选错出站方向，则需返回1号线站台或绕行到3号线站厅出站。在站台选择楼扶梯及对于选错方向的乘客返回站台，导致乘客在站台停留时间过长从而造成拥堵且降低楼扶梯使用效率；绕行到3号线站厅出站导致出站距离过长，出站效率低下。3号线乘客下车出站时，E、F1口可通过负二层站厅直接出站，其余出口必须先经过负一层站厅再寻找相应出口，出站距离较远，如表2-4所示。

表2-4 省体育馆站双线出站时间对比

出站象限	一（东北）D1、D2	二（西北）A、E	三（西南）B、F1、F2	四（东南）C
1号线	125.7	90.9	103.0	160.4
3号线	194.8	160.0	142.6	229.6

3）运营管理问题

3个分离式站厅，分别需要三套AFC设备（自动售检票设备）及运营人员。尽管建设期节省了工程投资，但却增加了运营成本，并给运营管理带来了一定的难度。

4）小结

综上所述，分离式站厅尽管在一定程度上具有设计简单、工程量小等特点，但会导致出现一系列交通问题。省体育馆站由于1号线站厅被东西向隧道隔断形成南北分离站厅，而3号线站厅又被隧道压低在负二层，共形成3个分离站厅，造成了过街功能缺失、进出站及换乘流线复杂、交叉等问题。

2.4.2.4 一体化不足的原因

在1号线设计阶段考虑了一环路方向的下穿隧道及3号线的换乘预留条件，但对地铁客流的预测不充分，预留的换乘能力不足，按较小客流量来进行选型和设计，如选型为十字形换乘站模式，预留的通道宽度也不足，导致在3号线设计时不得不调整为偏十字换乘形式，并增加换乘节点。同时，1号线设计阶段为了节约工程造价，采用了分离厅的设计模式，导致后期站厅分散，流线复杂，乘客使用满意度较低，运营管理不便等。

总结来看，在成都地铁省体育馆换乘车站的案例中，可以看到：1号线设计阶段仅仅对规划条件进行常规预留，未充分按一体化设计思路进行整体设计，导致后期3号线设计阶段对既有工程的改造，造成交通功能损失、空间资源浪费、施工周期延长、建设资金浪费、建设风险增大、景观环境不佳、合建机会丧失等各方面损失和不便。因此，行之有效、有关各方统筹合作理念下的一体化设计研究显得尤为重要，有关一体化设计的研究刻不容缓。

第 3 章 一体化理念、要素与流程

3.1 一体化理念

基于市政桥隧合建模式的地铁换乘车站一体化设计理念，是指将地铁换乘车站与市政桥隧的合建工程视为一个"系统工程"，轨道交通地铁换乘车站的设计是需要与市政工程、交通工程、结构工程、城市规划等诸多学科共同研究的重要理念。

3.2 一体化设计关键要素分析

一体化设计关键要素主要从交通一体化、空间一体化、结构一体化三个角度分析。

3.2.1 交通一体化

交通功能作为地铁车站和市政桥梁、隧道的本体功能，理所当然应该优先考虑，应从站内交通一体化、站外交通一体化（社会车辆、出租车、公交车、非机动车、步行等城市交通功能和换乘功能）等角度思考，特别是站内交通受到隧道空间阻隔，如何处理进出站流线以及换乘流线都是需要统筹分析的。

3.2.1.1 站内交通

首先是进出站交通流线顺畅、便捷，兼顾道路交叉口各个人流方向的交通需求；其次是站内空间满足功能要求，应根据地铁运营管理要求和乘客行为习惯布置相关设施、预留相应空间及组织合理流线；最后是处理好换乘流线，作为换乘站的重要功能就是实现不同线路之间的换乘需求，在分析两条线路的客流特征以及换乘需求的基础上，合理组织换乘流线。

3.2.1.2 站外交通

首先是处理好城市交通功能，市政桥梁、隧道的主要交通流，实现空间分离。主要矛盾点位于桥梁、隧道与城市道路转换交接的区域，如市政桥梁、隧道的起坡处一般距离道路交叉口有一定距离，距离地铁车站出入口的距离等。因此重点在于处理好交叉口的社会车辆、公交车、自行车以及慢行交通功能。其次是处理好各种换乘交通方式，比如公交、出租车、社会车辆、自行车以及步行与地铁站的接驳等。

3.2.2 空间一体化

在梳理好地铁车站内外交通流线和流量的基础上，应在空间设计上实现水平空间和竖向空间一体化。

3.2.2.1 水平空间一体化

在水平空间设计上，应充分考虑市政桥梁、隧道带来的空间影响，尤其是隧道对地下空间的分割，如何利用空间组织手段将地铁车站空间一体化是需要精心设计的。

3.2.2.2 竖向空间一体化

在竖向空间设计上，由于地下空间受到荷载、抗浮、通风、消防等多工种要求，对层高要求较高。不同标高层面的竖向交通是交通流线的关键因素，因此如何实现竖向交通转换是空间设计中非常关键的一环；另外，竖向空间的综合利用，减少空间浪费，提高空间利用率，都是一体化设计中需要重点关注的问题。

3.2.3 结构一体化

结构一体化是实现站、桥、隧一体化的关键要素之一，采用何种结构形式,如何共用结构体系,对于降低造价,增加安全性有很重要的作用。本书不对结构的具体设计进行研究,重点阐述基本的结构关系和施工工序对一体化的影响。

3.3 一体化工作流程研究

市政桥、隧、地铁车站合建模式一体化工作流程示意图见图3-1。

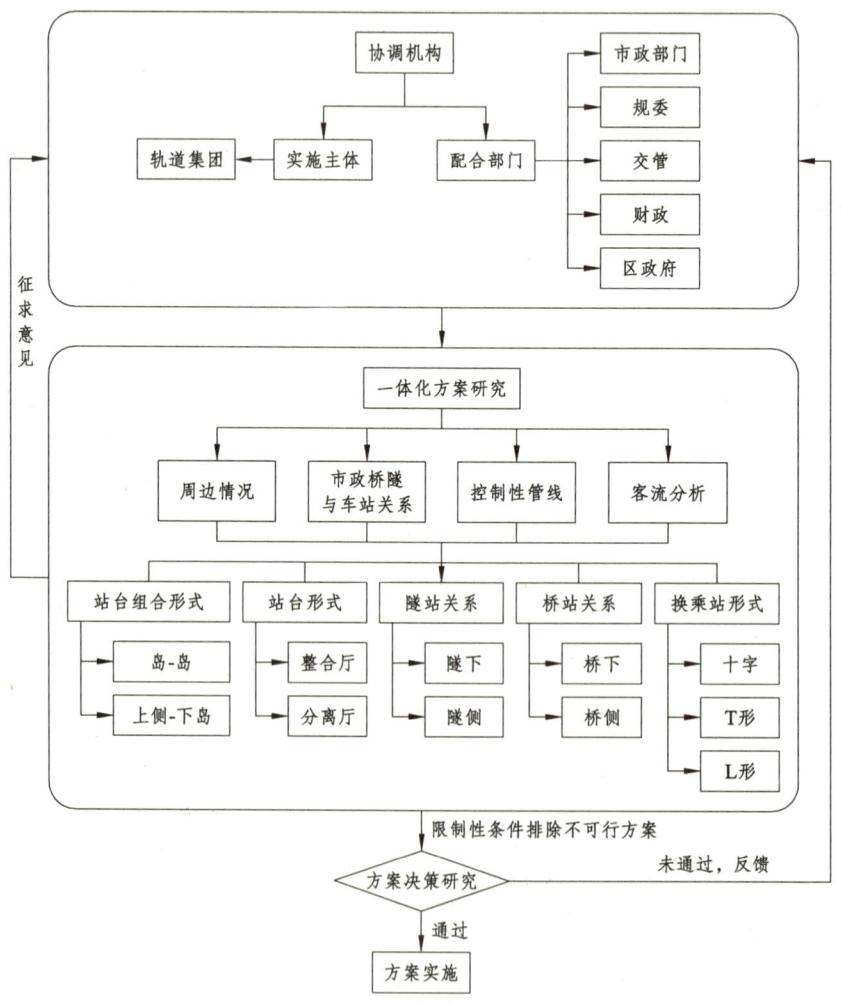

图3-1 市政桥、隧、地铁车站合建模式一体化工作流程示意图

第4章
一体化设计方案及其适用范围

本章首先从换乘行为、客流特征以及客流组织原则分析入手，分析在本书研究对象范围内三种典型的两线交叉换乘形式（十字、T形、L形）的换乘特点及其适用范围；其次研究单个地铁车站与市政桥隧的合建模式及其适用范围，进而提出一体化设计方案选型原则；最后将市政桥隧与地铁换乘站三者的合建模式进行分析，提出基于市政桥隧合建模式的地铁换乘车站一体化设计方案及其适用范围。

4.1 换乘行为与客流特征

4.1.1 换乘行为特征

地铁人流量随运营组织时间的变化有较为固定的波峰、波谷。在地铁到站时，特别是多条线路的列车到站时，人流量大大增加。换乘旅客的行为具有鲜明特征，如快速行走、靠右通行、抄近路、识途性、向光性、从众性等，对于安排和组织换乘车站的交通系统都有一定影响。因此旅客乘用自动扶梯或走楼梯前，人流需进行渠化整理、辨识方位、确定目标，在垂直交通上下端出入口处，特别是站厅层，经常会造成人员的混乱与滞留。地铁车站由于大部分或全部设置在地下，其造成的低可视性使得人们无法根据对地面建筑的经验来理解地下建筑的内部。同时又由于地下空间的封闭性，无法引入自然光线和自然景观，无法利用日光的变化和气候的变迁等形成时间概念，很容易使人失去空间的方向感。

换乘行为追求的是效率性、直接性、准确性。研究表明当地铁车站连接通道长度大于50 m的时候，地铁站台单纯的交通功能会给人带来单调乏味的感觉，产生一种情绪上的不安定感。参照香港地铁的要求，在 1 min 内完成换乘不会使乘客产生畏惧心理。按照一般人的步行速度，结合车站内的拥堵情况，一般人可在 1 min 内走完 100 m 的距离。如能将换乘距离控制在 60 m 以内，换乘时间是可以接受的。特别在通道换乘中采用快速电梯步道可大大加速人的流动，减少换乘时间。

4.1.2 换乘客流特征

换乘站的客流构成与特性区别于普通车站，往往是客流组织与地铁运营的重点和难点，具有如下特性：

4.1.2.1 高集中性

换乘站除了具有普通车站的进出站客流外，还汇集有相交线路甚至全网多座车站之间的交换客流，由此造成换乘站客流集中，往往是普通车站客流量的数倍。以成都火车南站为例，在 7 号线开通以前，火车南站的 1 号线每日进站客流约 1.8 万人次，而在 7 号线开通以后，早高峰 7 号线换 1 号线的换乘客流就接近 1.7 万人/h，给车站的交通换乘能力带来了巨大的压力。

4.1.2.2 客流流线复杂

由于进出站客流、换乘客流具有不同的出行目的、出行方向，即对应不同的出行路径，存在多股客流的交织，形成多个冲突点。以成都省体育馆站为例，不同方向进出站、换乘客流流线达 22 条，客流冲突点较多。

4.1.2.3 方向不均衡性

同一时段、不同换乘方向的客流量会存在较大差异。例如成都省体育馆站早高峰期间 1 号线上行换乘 3 号线下行客流量约为 1 200 人次/h，而 1 号线下行换乘 3 号线上行人数为 3 000 人次/h，客流方向分布不均衡。

4.1.2.4 短时冲击性

换乘站客流随列车的到达呈现脉冲式的分布规律，在短时间内对换乘设施会产生较大的冲击。当一批客流到达时，在换乘设施端部形成拥堵和客流排队，当拥堵人数较多时，将会带来较大的安全隐患。例如成都火车南站，早高峰时段 5 min 间隔内，火车南站聚集客流近 1 500 人，其中 1 300 人次需要通过 1 号线站台楼梯，短时客流冲击大，排队问题严重。

4.1.3 换乘客流组织原则

为了保证换乘秩序，维护出行环境，需要通过有效的措施保证出行方便。在进行换乘时，需要遵循几个基本原则：

4.1.3.1 出行规律原则

要全面了解不同区域内人们出行的规律，随时掌握客流变化情况；对出行人员密度进行有力统计，做好客流量日常监控与分析；对突然出现的客流骤变，要密切注视，做好记录，从中找到人们出行的规律，以便及时调整换乘计划，保证乘客安全出行。

4.1.3.2 合理导向原则

对站内影响人们出行的标识尽快撤除，合理设计乘客流向，特别是站台、楼梯、大厅处尽量减少客流交叉和对流；对影响流动的标线进行撤除，形成站内交通规则，保证乘客楼梯和扶梯尽量靠右行走站立，确保人们上下有序，形成良好出行秩序。应用好站内空气、温度调节设备，设置无障碍通道，对突发事件要有完善的突发事件应急客流组织和统一指挥系统预警。

4.1.3.3 有效换乘原则

要通过观察进一步明确客流大的区域，对容易混行的地方，如大厅或楼梯等处，一定要设置必要的安全线或栅栏做好人流的分隔，确保不同流向的乘客不混乱通行，避免出现不必要的互相干扰，影响换乘效果。根据时间节点不同，可以人工引导乘客在换乘通道单向流动，以免双方向大客流相互冲击。通过统一醒目的标识系统，准确快速分散客流，避免乘客交叉聚集，造成站内拥挤。从最大程度上尽量为乘客提供出行方便条件，减少进出站和换乘时间、距离，保证最快速度实现换乘。

4.2 换乘站类型、特点及其适用范围

本节从不同站台组合形式入手,总结其特点,进而研究换乘站类型和特点、适用范围。需要特别说明的是,本书中所涉及的所有车站形式、换乘方式等研究均聚焦于本书研究范围内的地下两线交叉换乘车站(不含平行换乘形式)。

4.2.1 不同站台组合形式分类及其特点

不同站台形式的换乘关系分为岛-岛、上岛-下侧、上侧-下岛以及侧-侧四种方式。

4.2.1.1 岛-岛换乘

两个车站均为岛式车站,两站通过相交处节点楼梯连接进行换乘的换乘方式叫作岛-岛交叉换乘,见图 4-1。其特点为:车站只有 1 个节点,能更好地应对潮汐客流的换乘需求。站台宽度可根据客流量大小灵活设计。在客流量大时,可采用高峰时期"台-台"单向换乘+"台-厅-台"单向循环客流换乘组织模式。因此,此种换乘模式最为常见。

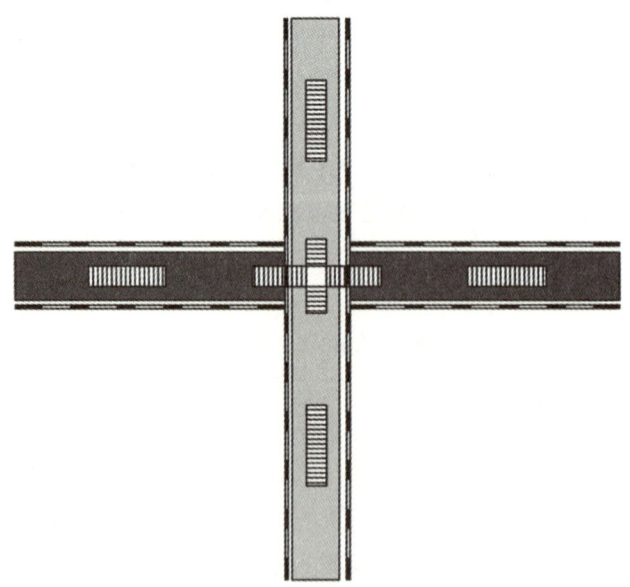

图 4-1 岛-岛交叉换乘车站模式平面简图

4.2.1.2 岛-侧交叉换乘（上岛-下侧以及上侧-下岛）

两个车站中一个为岛式车站，一个为侧式车站，两站通过相交处的节点进行换乘的换乘方式叫作岛-侧换乘，见图 4-2、图 4-3。其特点为：车站有 2 个节点，可缓解单个节点带来的交通压力。但需指示标识进行客流引导，无法有效应对潮汐换乘客流。这种换乘方式又可分为上岛式站台-下侧式站台和上侧式站台-下岛式站台。有时为了降低车站埋深，可采用上侧式站台-下岛式站台的模式，将上侧式站台与车站整合，降低投资造价。

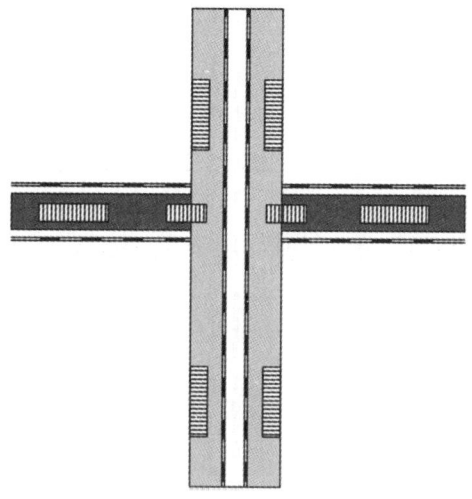

图 4-2 上侧-下岛换乘车站模式平面简图

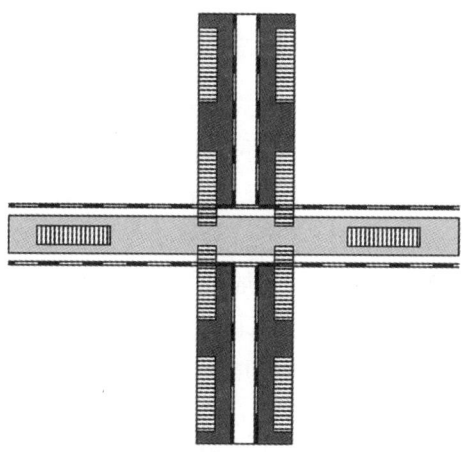

图 4-3 上岛-下侧换乘车站模式平面简图

4.2.1.3 侧-侧交叉换乘

两个车站均为侧式车站，两站通过相交处的节点进行换乘的换乘方式叫作侧-侧换乘，见图 4-4。其特点为：车站有 4 个节点，可进一步缓解换乘节点带来的压力。但由于换乘站有 4 个方向的换乘客流，4 个单一的节点可能造成客流组织困难，走行的距离较大，且无法有效应对潮汐换乘客流。因此，这种换乘方式比较少见。

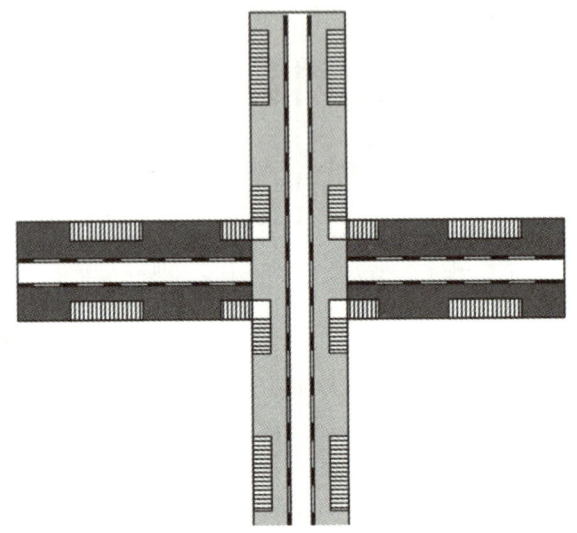

图 4-4　侧-侧换乘车站模式平面简图

4.2.2　换乘形式分类、特点及其适用范围

换乘站可从运营管理、换乘方式以及车站形式等多个角度进行分类。

从运营管理上分，换乘可分为付费区换乘和非付费区换乘，本书重点研究两线换乘站的一体化，故重点研究付费区换乘。

按换乘方式分类，换乘形式可分为通道换乘、节点换乘、同台换乘、站厅换乘及组合换乘。通道换乘一般适用于不相邻的两座或多座车站，在每个车站之间使用通道相连接，供乘客换乘。由于本书重点研究两线换乘车站，故通道换乘不是本书的研究重点。节点换乘是指两线车站站台通过短楼梯连接、共用节点形成的换乘方式。由于站台和站厅一起位于付费区以内，故均可实现站厅的转换或交通组织。故换乘流线一般为："台-台"

双向换乘（换乘客流量较小），或"台-厅-台"单向换乘+"台-台"单向换乘（换乘客流量较大）。换乘又可从换乘站形式分为十字换乘、T形换乘和L形换乘。由于本书研究的重点是两线交叉换乘站与市政桥隧的一体化设计方案，下面就从换乘形式分类出发，从这三种主要换乘形式来进行分析。

4.2.2.1 十字换乘站

十字换乘一般是指两条不同的线路大致呈十字形或类十字形交叉，即一个车站直接布置在另一个车站的上方，可选用站台之间直接换乘、站厅层换乘或两者结合的方式，如图4-5、图4-6所示。车站可以是两层站也可以是三层站，如成都火车北站，由1号线和7号线十字交叉，属于典型的十字形换乘站。

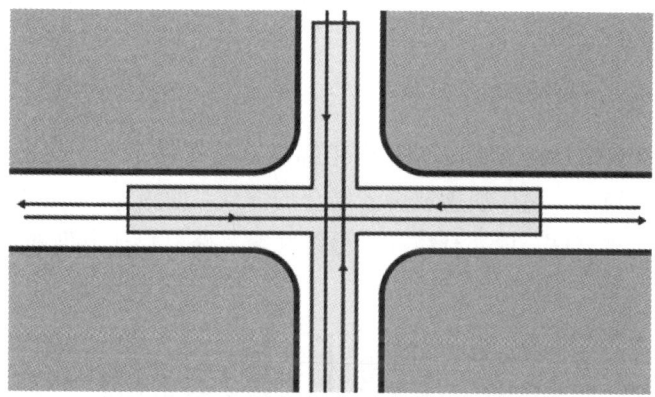

图4-5 十字形换乘车站平面示意图

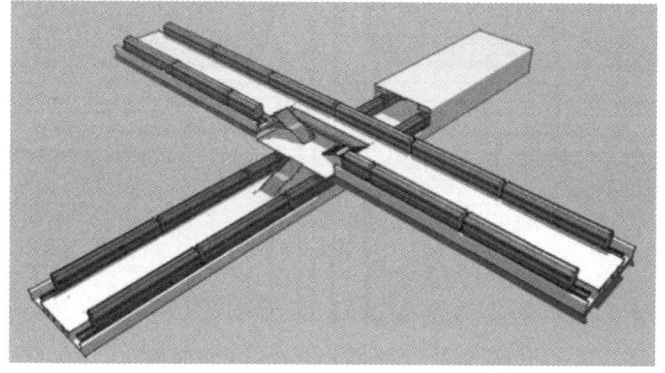

图4-6 十字形换乘车站三维示意图

1）优点

一是换乘距离短，换乘客流均匀，换乘路线明确、简捷。

二是利于形成共用站厅，节约车站面积。

三是两线车站均横跨道路交叉口，便于吸引交叉口4个象限的客流。

2）缺点

一是换乘节点集中在车站站台中部，易发生拥堵。

二是当车站设置在十字路口时，施工期间的交通疏解难度较大。

三是对一体化程度要求相对较高，需要两线同期设计，换乘节点处同期建设。

四是对线路条件要求高，远期线路衔接灵活性小。

3）适用范围

这种形式一般适用于十字交叉路口，换乘客流较小的车站。

4.2.2.2 T形换乘站

T形换乘站是指A线车站站台中部与B线车站站台端部相交的形式，可选用站台换乘、站厅换乘或两者结合的方式，如图4-7、图4-8所示。如成都地铁文化宫站，由4号线和7号线在交叉路口形成典型的T字形换乘站。

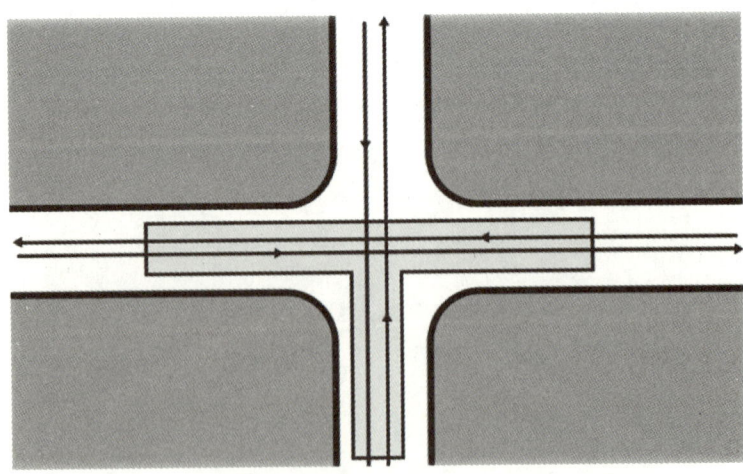

图4-7　T形换乘车站平面示意图

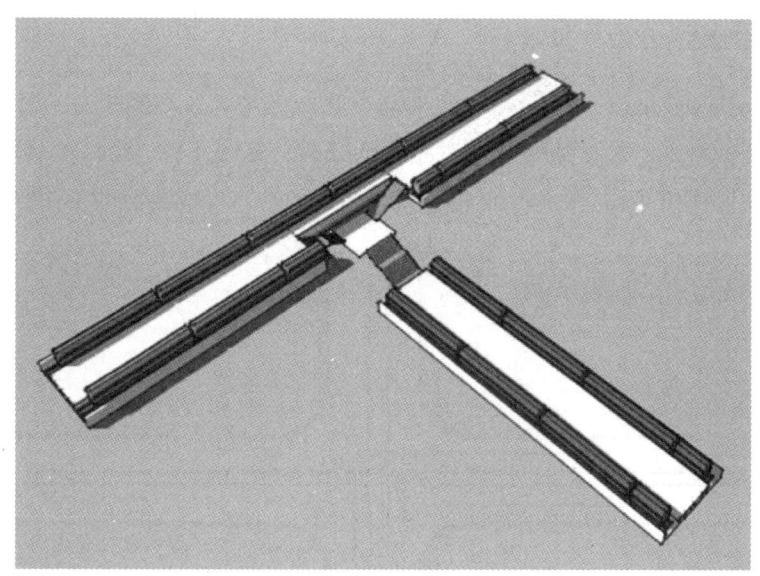

图 4-8 T 形换乘车站三维示意图

1) 优点

一是换乘流线较便捷。对于 A 线车站,换乘节点位于站台中部,换乘客流均匀,换乘流线较短;对于 B 线车站,换乘节点位于站台端部,换乘流线较长,最远客流需穿越整个站台到达换乘节点,从而到达以时间换空间的目的,避免两线车辆同时到达站台时对换乘节点的拥堵,做到换乘流线相对便捷又不至于造成换乘节点拥堵。

二是车站位于丁字路口或十字交叉路口,与十字换乘车站比,施工期间对道路交叉口的影响相对较小。

2) 缺点

一是换乘客流相对不均匀,换乘流线相对较长。

二是对一体化程度要求相对较高,需要两线同期设计,换乘节点处同期建设。

3) 适用范围

这种形式适用于车站位于丁字路口或十字路口,换乘客流较大的车站。

4.2.2.3 L形换乘站

L形换乘是指A线车站站台端部与B线车站站台端部相交的形式，可选用站台换乘、站厅换乘或两者结合的方式，见图4-9、图4-10所示。如成都地铁槐树店站，由4号线和7号线在交叉路口形成典型的L形换乘站。

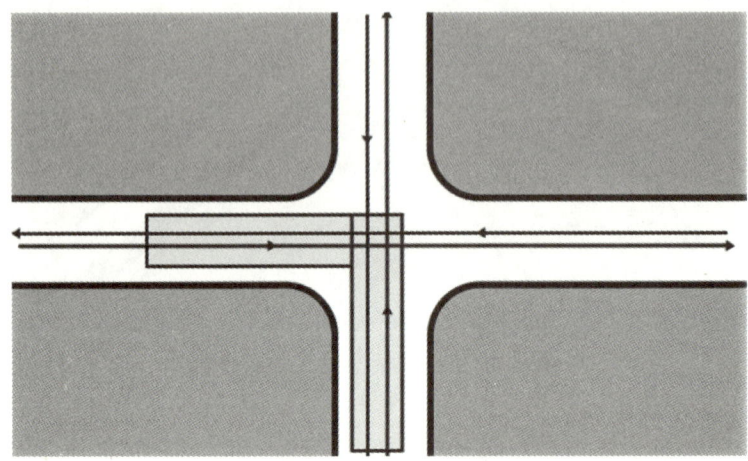

图 4-9　L形换乘车站平面示意图

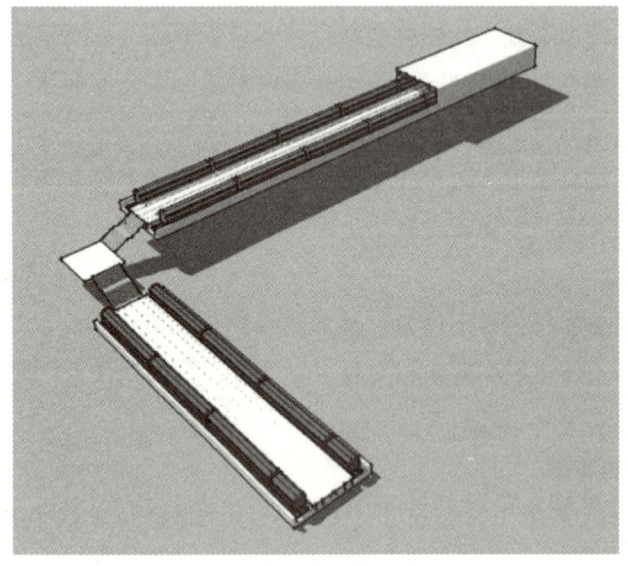

图 4-10　L形换乘车站三维示意图

1)优点

一是换乘节点可以脱离于有效站台,不易拥堵。

二是对施工期间对交叉路口的影响较小。

2)缺点

一是换乘流线较长,两线车站最远换乘客流均需通过整个站台到达端部换乘节点,需要较宽的侧站台,换乘流线较长。

二是换乘客流对站台候车和进出站客流干扰大。

三是对交叉路口某两个象限的客流吸引较差。

3)适用范围

这种形式主要适用于客流较大、客流分布不均匀的车站。

4.2.3 换乘站选型原则

根据不同的换乘形式和不同站台形式进行组合分类,可形成12种换乘站形式。选择何种换乘站形式主要从以下几个方面权衡。

1)换乘便捷

首先是换乘便捷,行走距离短。这是先从定性再到定量的角度进行分析。比较好的形式是同台换乘、节点换乘,不利的则是通道换乘、站厅换乘。

2)客流疏导

与换乘便捷相反,由于换乘客流的短时性和高冲击性,需要一定的空间和时间来缓冲客流,不能将客流堆积在站台上而无法疏导。就这点来说,适当的换乘距离是有利于疏解客流的,如L形、T形换乘或者站厅换乘都有一定的好处。

3)空间简洁

这是指站内复杂程度低。由于换乘客流存在流线复杂的问题,一方面进出站就涉及不同的几个方向,而换乘站至少存在4个换乘方向,方向性弱是地下车站流线组织的一大难点。就方向性而言,岛-岛换乘比较有利,岛-侧、侧-侧等换乘方式则存在一定的问题。

4)建设成本

建设成本主要由建设规模和设备综合利用情况来决定,车站埋深浅、规模小，建设成本低。

从理论分析和实践经验来看，对于两线交叉换乘站而言，在换乘客流量不大的情况下有条件时应优先选用十字换乘，其次是 T 形换乘和 L 形换乘。换乘客流量较大时应优选 T 形换乘，其次是 L 形换乘，不推荐十字换乘。对于不同站台组合形式来看，综合客流组织、投资建设、运营管理等多因素，应优先选择岛-岛换乘，其次是上侧-下岛换乘，最后是侧-侧换乘。在实践中，选择下侧站台的形式较少，基本可以排除下侧以及侧-侧的换乘站模式。

4.3 地铁车站与市政隧道合建模式及其适用范围

地铁车站与市政隧道的竖向关系，可以分为车站位于隧道上方、与隧道同层及在隧道下方三种模式。由于地铁区间线路一般埋深较深，而市政隧道须与城市道路衔接，地铁车站位于隧道上方弊端较多，故本书不考虑此情况。地铁车站与市政隧道的平面关系可分为车站与隧道同向及垂直两种。同向平面关系可分同向叠落（隧中部和船槽部）和同向隧侧，垂直平面关系可分为十字交叉垂直、T 形交叉垂直；因此就形成了同向隧下、同向隧侧、垂直同层分离站厅、垂直隧下连通站厅等，理论上组合可形成 24 种类型。下面对同向隧下模式、同向隧侧模式、十字垂直模式以及 T 形垂直模式四种模式分别讨论。本书重点研究的是换乘车站的设计，不对隧道形式展开研究，所述隧道均为常规双向 4~6 车道隧道。

4.3.1 同向隧下合建模式

同向隧下合建模式，是地铁车站与市政隧道位于同一道路下方，其中车站位于隧道下方，统筹规划，同步设计，二者共墙、共板形成一个结构体系，也称同位合建模式。根据车站与隧道叠落的不同平面位置关系，同向隧下合建模式可以分为隧中下站（指车站位于隧道中部的下方）和船槽下站（指车站位于隧道的船槽段下方）。结合车站常用的三种站台形式，即岛式两层站、侧式两层站以及侧式一层站，组合可形成 6 种形式。

4.3.1.1 隧中下站模式

隧中下站模式是指从平面位置关系上看，车站位于隧道中部下方的形式，如图 4-11 所示。

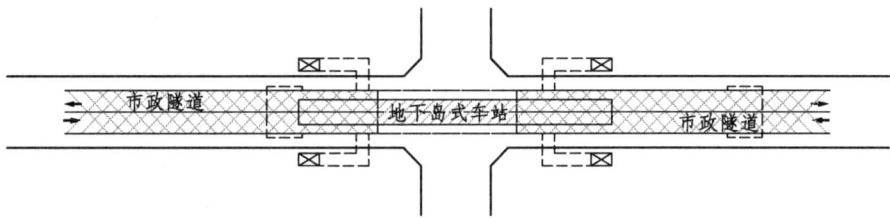

图 4-11　同向隧中下部车站平面示意图

从剖面上看，地铁车站位于隧道下方，结合地铁车站的不同形式，隧中下站可以形成以下三种模式：同向隧中下部岛式两层站、同向隧中下部侧式两层站、同向隧中下部侧式单层站，如图 4-12～图 4-14 所示。

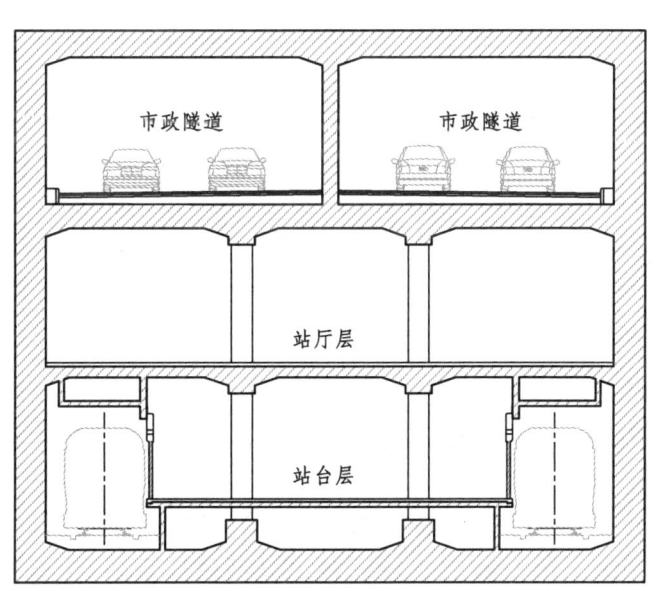

图 4-12　同向隧中下部岛式两层站剖面示意图

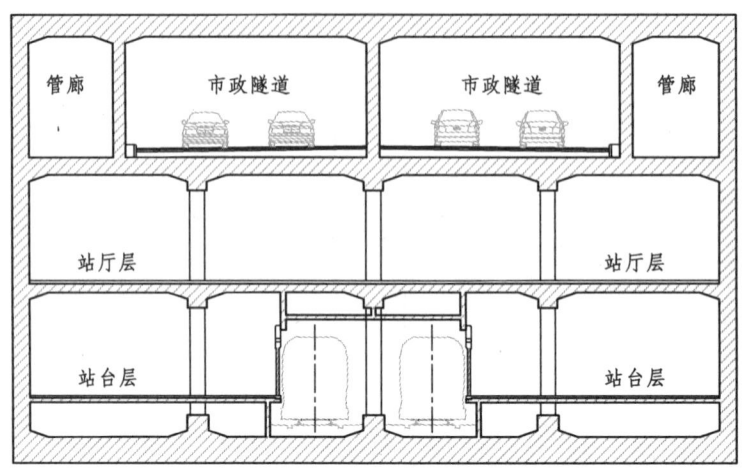

图 4-13　同向隧中下部侧式两层站剖面示意图

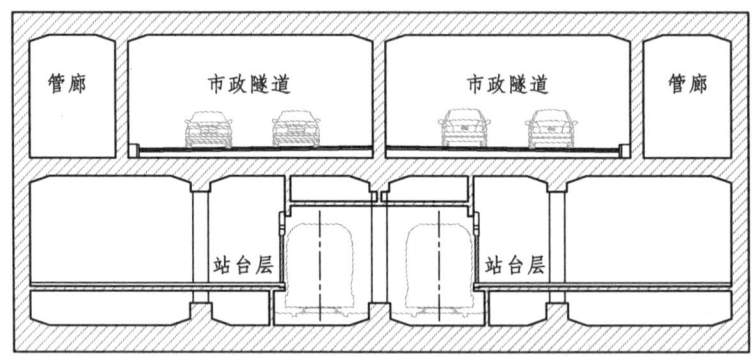

图 4-14　同向隧中下部侧式单层站剖面示意图

1）共同点

岛式两层站、侧式两层站和侧式单层站三种形式具有以下共同特点：

在交通一体化方面，对城市道路交通布置和组织没有影响，隧道位于道路中线位置，便于组织车流；地铁出入口均衡地分布在交叉口四个象限，便于乘客进出站，并与城市交通及周边建筑衔接。车站位于隧道下方，埋深加大，隧道对车站内部的交通不造成影响。

在空间一体化方面，车站叠落于隧道正下方。从平面上看，不占隧道侧面的空间,对道路红线宽度要求不高;从竖向上看,站、隧共墙、共板,实现了空间的叠合,充分利用了竖向空间,对地下空间的利用率较高。相比于隧侧形式而言,这三种形式对竖向空间利用更好。相比于同向船槽下部型而言,三种隧中下站模式由于车站位于隧道最低点的下方,埋深相对较深,工程投资相对较高。

在结构一体化方面,同向隧下车站结构仅需一次支护及开挖即可将二者同时建设,缩短了工期,减少了交通疏解及管线迁改的影响;同时由于结构共墙、共板,节省材料,降低成本,并且不存在对既有结构的影响,降低了施工风险。

2)不同点

对于岛式两层站、侧式两层站和侧式单层站三种形式而言,其不同点在于车站本身的宽度要求导致对道路红线或道路地下可利用空间尺度不同。如地下岛式及地下侧式两层站,考虑设置附属设施等要求,道路红线或可利用道路地下空间的宽度不宜低于 25~30 m;地下侧式单层站,对道路空间宽度要求较高,道路红线或可利用道路地下空间的宽度不宜低于 35 m。简言之,地下侧式单层站对道路宽度的要求大于地下岛式及地下侧式两层站。

4.3.1.2 船槽下站模式

船槽下站模式是指从平面位置关系上看,车站位于隧道船槽下方的模式,见图 4-15。这种模式主要是为了降低车站埋深,利用隧道船槽段的立体空间,将车站置于隧道爬坡段的船槽下方。

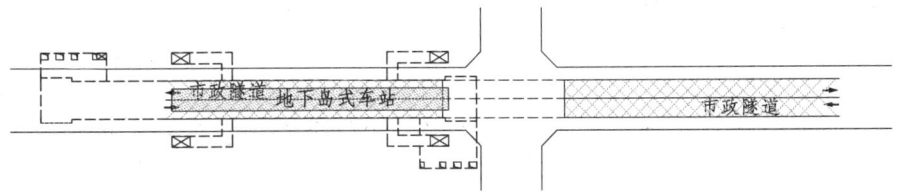

图 4-15 船槽下站平面关系示意图

从竖向关系看,车站可充分利用隧道船槽段的下部立体空间,节省车站埋深,降低车站造价。结合车站常用的三种形式,船槽下站可组合形成以下三种模式:同向船槽下部岛式两层站、同向船槽下部侧式两层站、同向船槽下部侧式一层站。下面以岛式两层车站为例来表达，见图4-16。

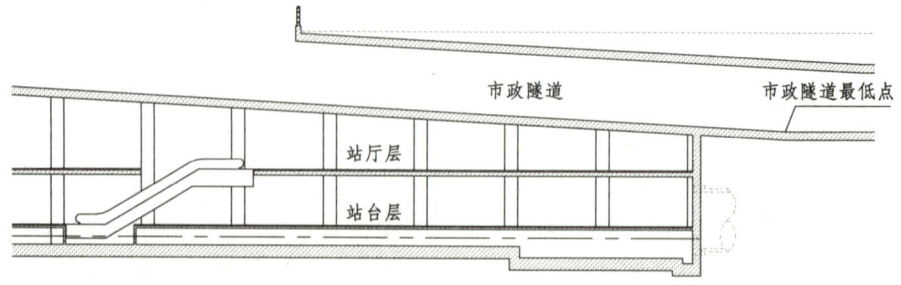

图4-16 同向船槽下部岛式二层站剖面示意图

这三种车站形式有以下共同点：

在交通一体化方面，由于从平面上车站置于隧道一侧的船槽段，与隧中下部型相比，车站进出站交通不能较好地吸引4个象限的客流。其余与隧中下站模式车站基本一致。

在空间一体化方面，它们都是位于隧道下方，对平面空间即隧道两侧的空间没有影响，更节约用地；竖向空间也得到了充分利用。与隧中下站模式相比，船槽下站模式主要是利用了船槽下部空间，节约了竖向空间，减少了车站埋深，降低了工程投资。

在结构一体化方面该模式与同向隧中下部型基本相同。

三种车站形式的不同点与同向隧中下部型也基本相同。

4.3.1.3 适用范围

由于地铁车站与隧道同位叠建，不会对空间尺度提出更高的要求，主要需统筹规划、同步设计、同期实施。市政隧道与地铁车站在规划稳定的前提下，该模式以其多方面的优势具有广阔的应用前景。

同向隧下（同位合建）模式：广泛适用于统筹规划、同期实施的城市主干路或次干路下部的地铁车站，投资省、空间利用率高。

隧中下站模式/船槽下站模式：选择将车站置于船槽段下部而非隧道中下部，是基于对在道路交叉口设置地铁车站出入口并非绝对均衡的情况下，充分利用隧道下部空间的设计优化，进一步提高空间利用率和降低投资的设计优化。

岛式两层站/侧式两层站/侧式单层站：地下车站选择何种形式主要取

决于地铁交通本身对车站的要求，本书在此不作深入研究，仅对这三者在与隧道合建模式下的不同优缺点进行分析。岛式两层站广泛适用于城市主干路或次干路交叉口；侧式两层站与岛式两层站需要的道路宽度大致相同，适用于终点站或有平行同台换乘需求的车站；侧式单层站主要适用于道路红线较宽的城市主干路交叉口及有平行同台换乘需求的车站或在有衔接开发物业需求的车站。

4.3.2 同向隧侧合建模式

同向隧侧模式是指地铁车站与隧道处于同一个方向，且位于隧道侧面的空间模式。这种模式隧道与车站实现共用侧墙或共用围护桩，但限于实施时序以及结构抗震性能要求等方面，适用范围不广。该模式根据隧侧的车站形式大致可分为隧侧岛式两层站、隧侧侧式两层站、隧侧侧式一层站等基本模式。

4.3.2.1 站于隧道一侧合建模式

站于隧道一侧模式是指地铁车站位于隧道的一侧，理论上可能组合的种类较多，包括岛式二层站、侧式二层站、侧式单层站。但基于隧道一侧模式下，隧道对侧式一层站的客流阻隔影响太大，业内几乎不采用，此处不作分析。岛式两层站和侧式两层站，车站在选型上主要还是基于车站站位需求本身的特点，其交通、空间、结构一体化要素方面特点基本一致。下面以岛式二层站来阐述，见图4-17。

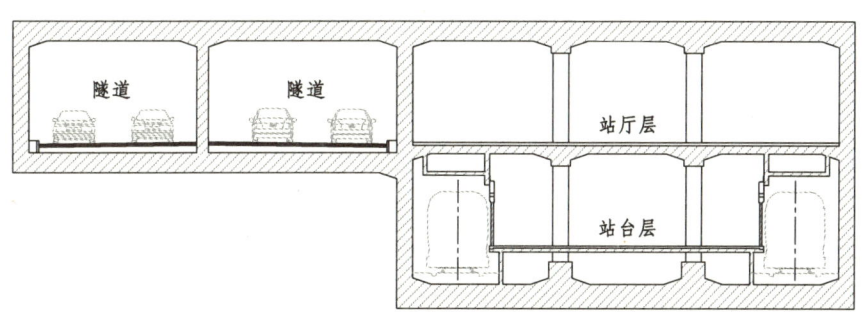

图4-17 隧侧方案（隧道位于车站一侧）

1）交通一体化

对站外交通而言,隧道位于道路中线为最优,故地铁车站只能利用道路单侧的剩余空间来布置,对道路空间尺度要求较高。对站内交通而言,隧道对隧道侧进出地铁站的客流就产生了一定阻隔,交通组织不便,适用性较差。

2）空间一体化

隧侧车站模式在平面上展开,充分利用了道路平面宽度。但该种模式需要比较大的平面空间,对道路红线宽度要求较高,一般适用于红线宽度大于55 m的道路,适应性较差。

3）结构一体化

该模式在结构一体化方面较为不利。一是该种模式隧道为一层,车站为两层,对于结构受力不利。二是两部分结构有可能会位于不同的地质构造层,长期会造成不均匀沉降,影响结构安全。若设置变形缝解决该问题又会增加该结构体系漏水的风险。故此种合建模式不建议采用。

4.3.2.2 站于隧道两侧合建模式

站于隧道两侧合建模式是指隧道位于道路中线而地铁车站位于隧道两侧的车站模式,见图 4-18、图 4-19。由于空间关系的合理性,这里排除岛式两层站及侧式两层站,主要分析侧式单层站的形式。下面从一体化各要素角度进行分析。

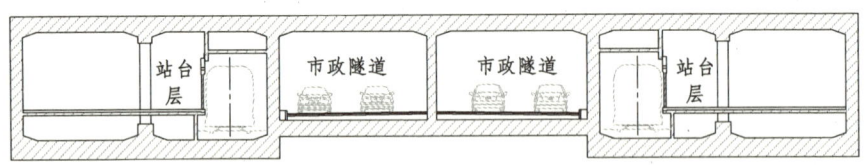

图 4-18 站于两侧侧式单层站共墙合建模式剖面示意图

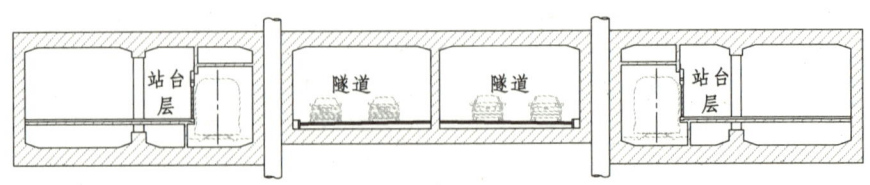

图 4-19 站于两侧侧式单层站共桩合建模式剖面示意图

1）交通一体化

在交通一体化方面，隧道位于道路中线，单层侧式地铁站利用隧道两侧的剩余空间来布置，对站外交通而言，隧道的通过性交通与城市道路交通衔接良好，地铁车站则利用隧道两侧空间与道路两侧的交通进行良好的衔接，进出站便利，但需设置过轨通道满足两侧站台的过轨。该模式具有侧式站台车站的通用弊端，此处不再赘述。

2）空间一体化

在空间一体化方面，隧侧车站模式未能实现空间的叠合，未能充分利用竖向空间，对地下空间的利用率不高。但该模式车站埋深浅，对于整体工程投资的降低有比较大的优势，尤其是对于两线或是三线换乘的车站而言效益更明显。但该模式需要比较大的平面空间，占地面积约为隧下岛式车站模式的2倍，对道路红线宽度要求较高，一般适用于红线宽度大于55 m的道路，或道路两侧有可利用的地下空间，如绿化带或地块内部可用空间的情况，因此适应性相对较低。

3）结构一体化

上述两种模式，模式一是车站与隧道共用侧墙，较节省道路平面空间，但需要车站与隧道同期实施，灵活性较差；模式二是车站与隧道共用围护桩，适用于车站与隧道不同期建设的情况。

4.3.3 十字站隧合建模式

十字站隧合建模式，是指地铁车站与市政隧道处于十字垂直方向。见图 4-20。根据车站与隧道不同的竖向位置关系，可以分为十字站隧不同层和十字站隧同层模式两种。结合车站的三种形式，即岛式两层站、侧式两层站以及侧式一层站，组合可形成 6 种形式。因十字形侧式两层站与岛式两层站与隧道合建模式，一体化设计各要素均相同，仅仅是车站使用功能的不同；而十字形侧式一层站与隧道组合会形成 4 个分站厅，对车站功能使用非常不便，因此此处就仅从岛式两层站与隧道合建模式展开论述。

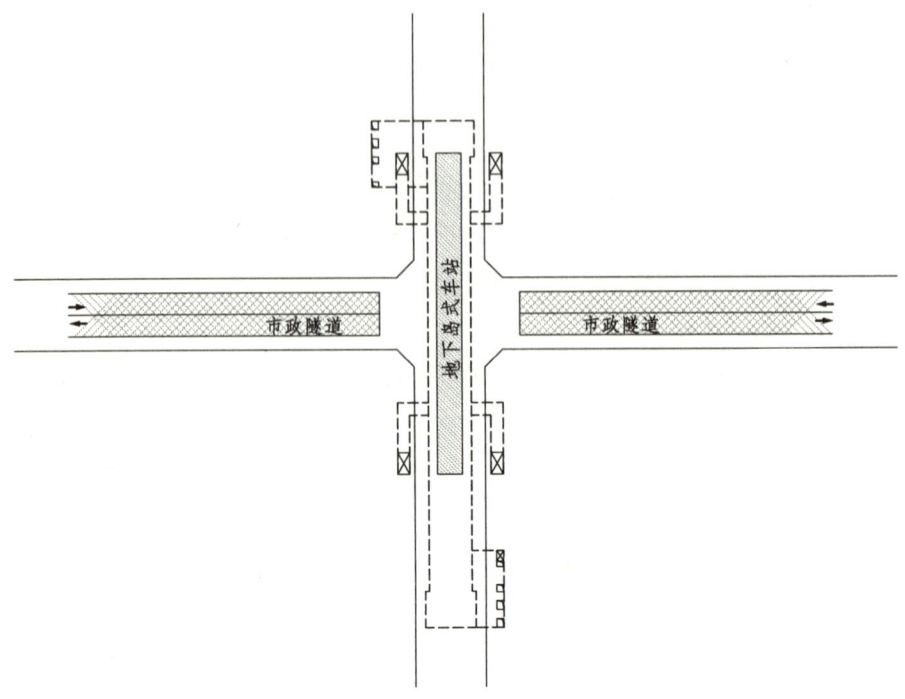

图 4-20 垂直十字车站模式平面示意图

4.3.3.1 十字站隧不同层合建模式

十字站隧不同层合建模式是指地铁车站位于隧道正下方，埋深相对较深，即站厅位于负二层，合建模式可为地下岛式二层站、侧式二层站、侧式单层站与隧道进行组合，见图 4-21。

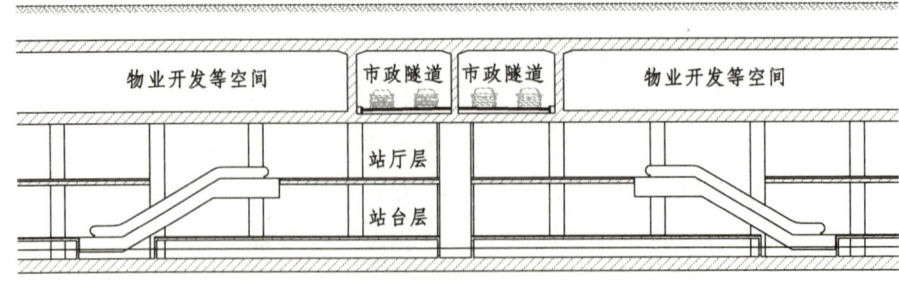

图 4-21 十字站隧不同层合建模式剖面示意图

这种模式在一体化设计要素方面具有以下特点。

1）交通一体化

在交通一体化方面，站内外交通受隧道影响小，客流比较均衡，隧道交通、城市道路交叉口交通以及进出站交通不受影响，但车站埋深较深。

2）空间一体化

在空间一体化方面，利用了隧下的立体空间，在车站上方与隧道同标高的一层空间可利用为物业开发或地铁附属设施，实现空间的立体复合利用。

3）结构一体化

在结构一体化方面，该模式可分为同步实施和分期实施两种模式。同步实施的方案中可以将结构一体，实现共墙、共板，与前述的结构一体的特点基本一致。分期实施的方案中，需在先实施的主体预留约 1.5m 高的板凳桩空间，站隧交叉节点处，各自的墙、板均独立设置。在该模式下，一体化方案较灵活。

4.3.3.2 十字站隧同层合建模式

十字站隧同层合建模式是指地铁车站站厅与隧道同层，即站厅位于负一层，合建模式可为地下岛式两层站、侧式两层站与隧道进行组合。

这种模式在一体化设计要素方面具有以下特点：

1）交通一体化

城市道路交叉口的外部交通不会受到影响，但对人行过街及站内交通主要表现在以下几个方面。

首先是人行过街方面，由于隧道在地下负一层将垂直于隧道方向的两侧交通割裂，地铁站厅与隧道同层，则站厅被隧道分隔为两个分离站厅，过街客流无法通过站厅非付费区实现。其次是分离式站厅导致进出站流线比较复杂，乘客在站台层就需要选择出入口，势必会增加乘客在站台停留时间，对站台造成一定拥堵；同时出站客流一旦走错站厅又需返回站台重新选择，对进站客流也会造成一定冲击，乘客体验较差。最后，对于运营管理来说，两个分离站厅，从车控室无法观察到整个站厅情况，需要增加运营管理人员来增强服务，从而也导致运营管理不便，运营成本增加，见图 4-22、图 4-23。

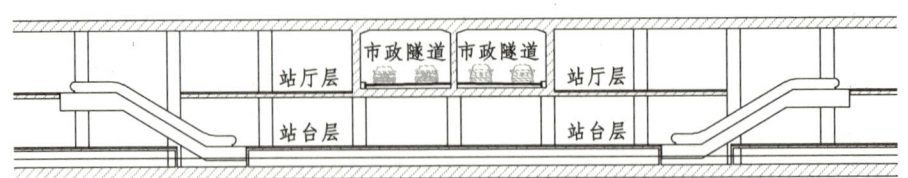

图 4-22 十字站隧同层合建模式剖面示意图

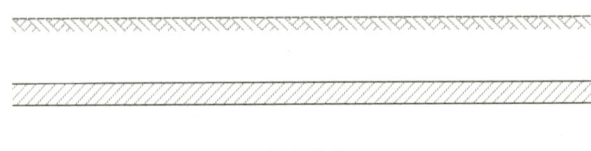

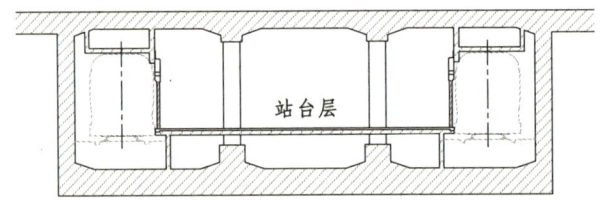

图 4-23 厅隧同标高岛式车站横剖面示意图

2）空间一体化

充分利用了隧下及隧侧的立体空间，实现空间的立体复合利用，提升了车站埋深，节省投资。

3）结构一体化

在结构一体化方面，该模式可分为同步实施和分期实施两种模式。同步实施的方案中可以将结构一体化，实现共墙、共板，与前述的结构一体的特点基本一致，此处不再赘述。在分期实施的方案中，需在先实施的主体上预留约 1.5 m 高的板凳桩空间，站隧交叉节点处，各自的墙、板均独立设置。在该模式下，一体化方案较灵活。

4.3.3.3 适用范围

十字站隧合建模式是比较常见的地铁车站与隧道的合建模式，该模式以其多方面的优势具有广阔的应用前景，广泛适用于统筹规划、同期实施的城市主干路或次干路下部与隧道垂直布置的地铁车站，投资省、空间利用率高。若不能同期实施，该模式也能在牺牲一定竖向空间的前提下，采取灵活预留措施。

站隧不同层垂直合建模式与站隧同层垂直合建模式两者对于结构一体化方面无太大区别。相对而言，前者对竖向空间、建设成本的需求更高，其交通服务水平也较优，建议普遍情况下采用；后者对车站而言，埋深浅、投资较省，但由于分离式站厅对交通服务功能和运营管理均造成了不便，建议在投资控制较严格时可选用。

岛式两层站/侧式两层站/侧式单层站：地下车站选择何种形式主要取决于地铁交通本身对车站的要求和道路地下空间的情况，选用原则与同向隧下车站的选型原则基本一致，此处不再赘述。

4.3.4 T形站隧合建模式

T形站隧合建模式与十字站隧合建模式在车站与隧道的组合形式方面大体一致，即站隧不同层和站隧同层合建模式与车站的三种形式（岛式两层站、侧式两层站以及侧式单层站），组合形成6种形式。其与十字站隧合建模式最大的区别在于车站与隧道平面布局形式。因T字形侧式两层站与岛式两层站与隧道合建模式，一体化设计各要素均相同，仅仅是车站使用功能的不同；而T字形侧式单层站与隧道组合会因车站侧式站台的原因形成两个分站厅，对车站功能使用不便。因此，此处就仅从岛式两层站与隧道合建模式展开论述，见图4-24。

4.3.4.1 T形站隧同层合建模式

T形站隧同层合建模式是指车站与隧道在平面上呈T形垂直布置时，车站站厅与隧道处在同层标高的合建模式，见图4-25。车站埋深相对较浅，即站厅位于负一层。

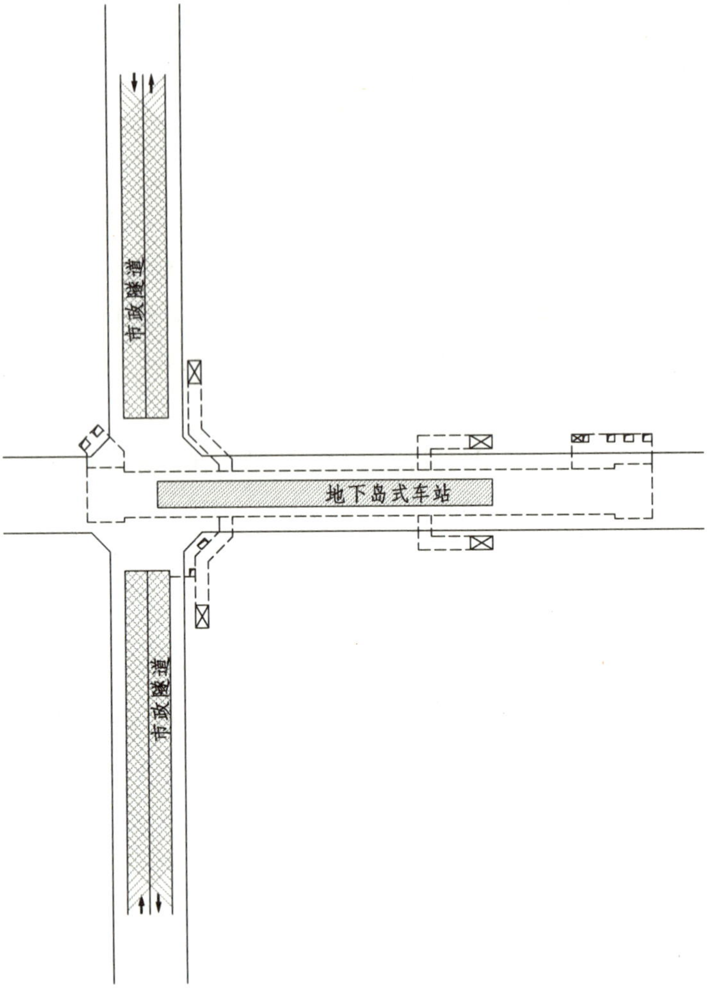

图 4-24　T 形站、隧合建平面示意图

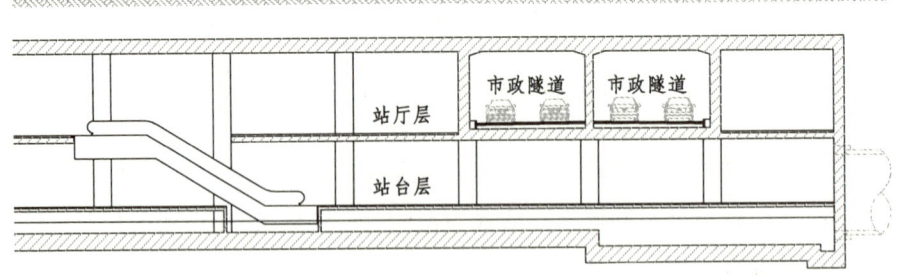

图 4-25　T 形站隧同层合建模式剖面示意图

此模式在一体化要素方面具有以下特点。

1）交通一体化

在交通一体化方面,城市道路交叉口及隧道的外部交通不会受到影响,但对人行过街及站内交通主要表现在以下几个方面。

首先是人行过街方面,由于隧道在地下负一层将垂直隧道方向的两侧交通割裂,地铁站厅与隧道同层,因此隧道一侧的客流被隧道阻隔,过街客流无法通过站厅非付费区实现。其次是地铁进出站交通功能受损,由于隧道阻隔,车站不便在隧道侧设置出入口,从而不利于隧道侧的客流吸引。

2）空间一体化

在空间一体化方面,由于是T形垂直,地铁与隧道交接空间较少,但充分利用了隧下及隧侧的立体空间,实现了空间的立体复合利用。

3）结构一体化

该模式在结构一体化方面同十字站、隧合建模式基本一致。

4.3.4.2 T形站隧不同层模式

T形站隧不同层合建模式是指地铁车站站厅与隧道不同层,站厅位于隧道下部,埋深相对较深,即站厅位于负二层。

该模式与十字站隧不同层合建模式空间关系基本类似,在交通、空间、结构一体化要素方面相差不多,此处不再赘述。

4.3.4.3 适用范围

T形站隧合建模式与十字站隧合建模式的主要区别在于平面位置关系不同,选型原则基本一致。

站隧不同层垂直合建模式与站隧同层垂直合建模式两者在结构一体化方面无太大区别。相对而言,前者对竖向空间、建设成本的需求更高,其交通服务水平也较优,建议普遍情况下采用;后者对车站而言,埋深浅、投资较省,但由于站厅被隧道阻隔,不利于在隧道侧设置出入口,从而影响客流吸引,建议在投资控制较严格时可选用。

岛式二层站/侧式二层站/侧式单层站:地下车站选择何种形式主要取决于地铁交通本身对车站的要求和道路地下空间的情况,选型原则与同向隧下车站的选型原则基本一致,此处不再赘述。

4.3.5 模式比较总结

地铁车站与市政隧道合建模式对比分析表见表4-1。

表4-1 地铁车站与市政隧道合建模式对比分析

对比要素		隧下模式	隧侧模式
交通要素	优点	不受隧道的横向割裂影响	对于规划不明确的隧道或车站适应性更强
	缺点	需要克服更大的竖向高度	无论是单侧和双侧受隧道影响,车站与道路两侧的交通联系都较弱
空间要素	优点	对道路下方平面空间尺度要求低;竖向空间可用于物业开发;除车站埋深较深外,其他功能几乎不影响	可减小埋深,对于地下水位较高的区域适应性更强
	缺点	无	空间未重叠,对平面尺度要求大。在土地越来越紧张的情况下,竖向空间利用不足
结构要素	优点	结构共板,受力更合理,节约造价	合建灵活,对于规划不明确的隧道或车站适应性更强
	缺点	必须同时设计同时施工,灵活性较低	对于两层车站的结构一体性较差
适用范围		适用于统筹规划、同期实施	适用于规划不明确或统筹规划分批施工、道路宽度尺度较大的情况

4.4 地铁车站与市政桥合建模式及其适用范围

高架桥和轨道交通均是解决城市交通问题的有效手段,高架桥早在20世纪便被我国各大城市竞相采用,而轨道交通因适应现代交通需求,近十年在我国的建设速度也是十分迅速。由于两者建设规模的不断加大,出现了地铁车站与城市高架桥(以下统称市政桥)合建的情况。一般有同向与交叉两种情况,交叉时一般采用大跨度桥梁将车站跨越,此处不作分析。同向时一般有桥下合建和桥侧合建两种模式。

4.4.1 桥下车站合建模式

桥下合建模式主要有分离合建式和连接合建式两种形式。其中分离合建式有站台分离岛式和站台分离侧式，连接合建式包括高架桥门式桥墩方案和高架桥、地铁站同位合建方式。因分离合建式不利于车站使用及运营，门式桥墩方案桥墩跨度大，受力不合理，占用路面交通空间，对城市景观和交通会造成不良影响，仅在特殊工况中有使用，不具备普及性，本书不作深入探讨。

站、桥同位合建是指地铁车站作为市政桥的基础，通过结构加强处理，直接将市政桥桥墩置于车站顶板之上，市政桥荷载通过车站内部的柱子传到车站底板，进而穿到地基，见图4-26、图4-27。

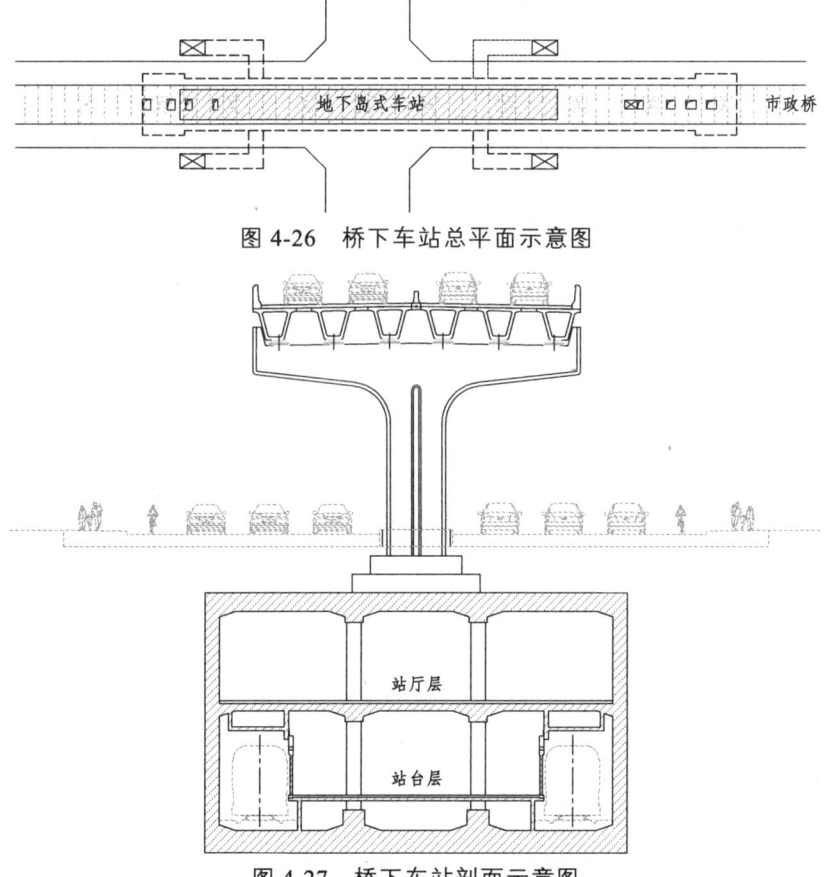

图 4-26 桥下车站总平面示意图

图 4-27 桥下车站剖面示意图

下面以站桥同位合建方案来研究交通、空间、结构等一体化的关系。

1）交通一体化

在交通一体化方面，站内交通基本按照地铁车站的正常交通组织，不受市政桥影响；对于城市交通而言，可先桥后站施工，一次开挖占用城市道路，当车站施工期间，可利用市政桥替代地面道路进行交通组织，而避免了车站围挡期间对该段道路交通的封闭，利于区域交通组织，节省社会时间成本。但因先桥后站方案，对于地铁车站的施工较为严格，没有广泛采用。

2）空间一体化

在空间一体化方面，车站主体完全位于市政桥平面投影范围之内，能充分利用竖向空间。道路地下空间作为地铁车站得到了很好的利用，桥下空间除了作为交通空间以外，也可以作为地铁附属设施的出地面空间，如风亭可布置在桥下空间，既是对空间的利用，也减少了地铁附属设施对城市景观的不利影响。同时，避开了管线密集的路边侧区域，既有管线影响较小，大大减少了管线改迁的工作量。

3）结构一体化

市政桥与地铁站沿纵向平行重叠设置，以车站结构为基础，不再需要施工单独的桩基和承台，减少施工工序，节约工程造价；但车站和市政桥基础需作为整体结构考虑；结构受力复杂，车站的相对沉降及不均匀沉降会对桥梁产生不利影响。

4）模式适用范围

在城市空间开发过程中，为实现地上地下工程的协调发展，优化资源配置，将市政桥与地铁车站同位合建设计，有效避免了轨道交通与市政交通的不同期开发所带来的空间、资源、道路管线的二次改迁等矛盾，主要适用于市政桥与车站同步设计的情况。无论车站与桥梁是同期实施还是先后施工，在做好相关预留措施的前提下，均能较好实现。

4.4.2 桥侧车站合建模式

桥侧车站合建模式主要是市政桥的桥桩兼作车站围护桩使用，达到既节约平面空间，站桥相互影响又最小的目的，如图4-28、图4-29所示。

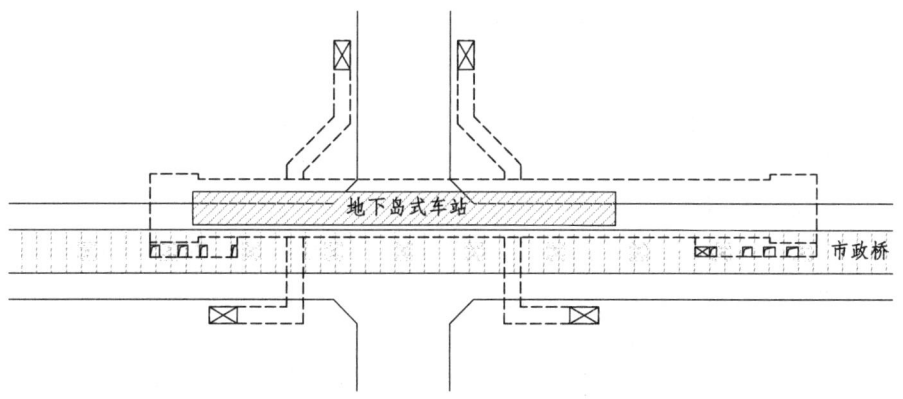

图 4-28　桥侧车站总平面示意图

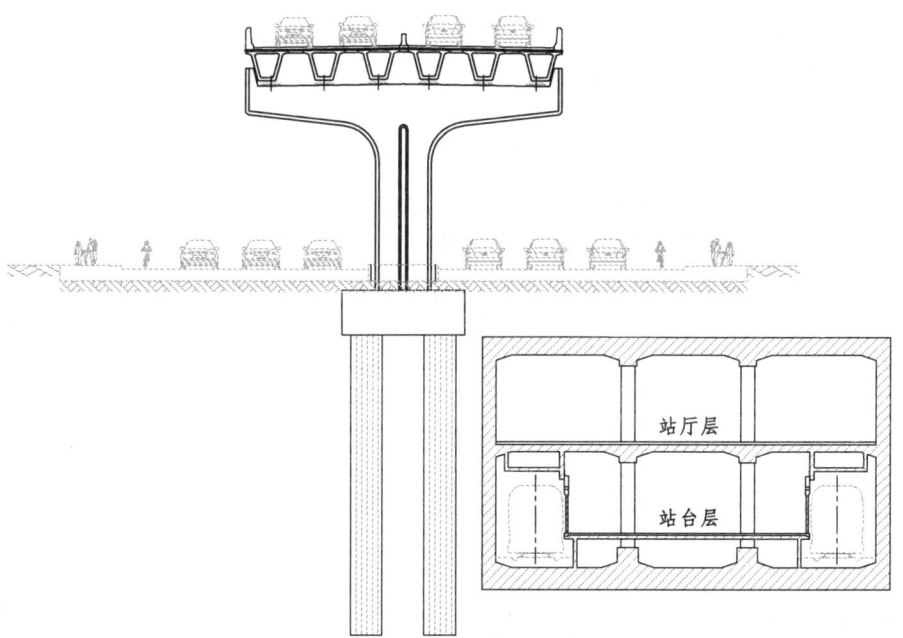

图 4-29　桥侧车站剖面示意图

下面以桥侧车站合建方案来研究交通、空间、结构等一体化的关系。

1）交通一体化

在交通一体化方面，一是在总平面布置时要优先处理好市政跨线桥梁与地铁车站的平面关系，做到地面交通与桥梁交通衔接顺畅，地下车站与周边关系合理；二是桥梁承台下方的密集柱网对隧道一侧与道路或城市建筑联系有一定的影响，须统筹考虑连接通道的位置和尺度。

2）空间一体化

在空间一体化方面，与桥下合建方案相比，车站与桥梁占用道路宽度较多，施工开挖范围大，不利于施工期间的交通组织及管线迁改。

3）结构一体化

在结构一体方面，市政桥桩可兼作车站围护桩，节省了平面空间，同时也节省投资，且对于市政桥与车站的分期实施比较灵活。

4）适用范围

这种模式主要适用于规划不明确或统筹规划分期实施且道路宽度比较宽的情况。

4.4.3 模式比较总结

桥下、桥侧合建模式对比分析见表4-2。

表4-2 桥下、桥侧合建模式对比分析

对比要素		桥下车站合建模式	桥侧车站合建模式
交通要素	优点	桥梁与车站的站内外交通互不影响，施工期间的交通影响也小	对站内交通无影响，但需要占用较大的路面宽度，不利于站外交通疏解
	缺点	无	开挖范围大，不利于交通疏解，对城市交通影响较大；车站设置在桥侧，不利于管线迁改
空间要素	优点	桥下空间可布置附属设施，节约土地，利于城市景观	同桥下车站合建模式
	缺点	无	空间未重叠，对平面尺度要求大，竖向空间利用不足
结构要素	优点	结构一体化，安全性更高，造价更低	可分开建设，适应性更高
	缺点	结构受力复杂	结构分离，造价更高
适用范围		适用于规划明确、同步设计的情况	适用于规划不明确、道路红线较宽的情况

在前述地铁换乘车站特征分析及站隧、站桥关系研究的基础上，下面章节重点研究两线交叉地铁换乘车站与市政桥梁、隧道的一体化模式及其

适用范围，首先从一体化设计方案选型原则分析入手，从站桥（隧）的空间关系角度分为桥下隧下、桥下隧侧、桥侧隧下及桥侧隧侧四种类型，结合典型的三种换乘形式（十字、T形、L形）组合成12种一体化模式。再就每种模式的基本特征进行总结，然后从一体化要素如空间一体化、交通一体化、结构一体化等角度进行阐述，最后采用对比分析的形式给出不同一体化设计模式的优缺点及适用范围。

4.5 一体化设计方案选型原则

本节首先从规划条件、交通条件、空间关系、市政管线以及 TOD 一体化等角度分析了设计边界条件，然后提出一个适合于指导该类合建模式的原则，再从一体化三大要素出发提炼一体化设计方案选型原则。

4.5.1 一体化设计边界条件

4.5.1.1 规划条件

本书研究的一体化设计方案是基于综合交通节点处规划明确的情况，限定为有两线呈交叉关系的换乘车站，同时市政桥梁和市政隧道在道路交叉路口呈交叉关系。为便于叙述，本书将隧道考虑为东西方向，该方向地铁为 B 线，桥梁为南北方向，该方向地铁为 A 线。

4.5.1.2 交通条件

根据本书所明确的交通条件来分析潜在的交通关系。

站外交通：该综合交通节点位于主干路或次干路的交叉路口，有几个潜在的交通关系：一是双向交通都属于主要交通流向，交通流量大，但通过立交分离通过性交通以后，交叉口的地面则无大量的车行交通，主要用于不同方向的交通转换和慢行系统的功能；二是根据大城市的交通规划要求，一般主次干路会在交叉口进行拓宽处理，如道路红线为 40 m，在交叉口的红线宽度则达到 45~50 m，且类似这类主次干道通常会规划有带状绿地；三是隧道、桥梁要尽量沿道路中线布置，利于城市道路交通的顺利衔接。

站内交通：两条地铁线是主要交通流向，换乘流量较大，因此在地铁车站选型时需考虑为大流量的换乘站。因车站设计需根据客流量、周边环境、线路定位等进行量化设计，但为了便于阐述，本书限定车辆编组为8A，岛式车站有效站台宽度为14 m，侧式车站有效侧站台宽度3.5 m。

4.5.1.3 空间关系

1）平面空间关系

由于快车道一般靠近道路中线，因此隧道、桥梁应尽量沿道路中线布置，导致两侧地下剩余的空间有限，对于站隧同层合建模式或站位于桥侧的合建模式影响较大。

2）竖向空间关系

隧道对两侧地下空间在负一层有很强的割裂作用，车站设置于隧道下部，则一般会比无隧道时埋深增加 6.5 m 左右。由于桥下合建模式的分离合建式和连接合建式中的高架门式桥墩合建方式仅在特殊工况下适用，此处桥下合建模式就限定为站桥同位合建方式。桥侧合建模式以桥桩兼作车站围护桩的模式。

4.5.1.4 市政管线

管线迁改是比较综合性的问题，不是本书的研究重点，本书仅提出在一体化设计时，尽量考虑管线一次迁改，避免二次迁改。

4.5.1.5 TOD 一体化

结合 TOD 一体化的周边物业开发不作为重点，但可作为一个重要因素来考虑。

4.5.2 一体化设计原则

首先，综合交通节点有多种城市交通，工程投资大，建设周期长，社会关注度高，社会影响力大，设计使用寿命长，参与人群广泛，涉及社会、经济、环境等综合效益。当功能与投资在方案设计中发生矛盾时，如何取舍是一个重大的原则问题。在当前时代背景下，聚焦于综合交通节点的设计，本书限定以功能优先为主要原则，投资作为次要原则，TOD开发为第三原则，来讨论基于市政桥、隧道合建模式的地铁换乘车站一体化设计。

其次，综合交通节点涉及面广，问题复杂，本小节重点阐述如何开始设计，一步一步进行推导，在遇到矛盾时如何选择，尤其是通过一些限制性条件排除一些明显不现实的模式，缩短研究设计时间，提高效率。

最后，本书重点在于研究与市政桥隧合建模式下的地铁换乘站的一体化设计，故此处就不对桥梁、隧道本身的设计开展研究。

4.5.2.1 功能优先

功能优先的基本原则立足于交通功能优先，先外后内，从既定的外部交通衔接入手。

首先是隧道、桥梁要尽量沿中线布置，利于城市道路交通的顺利衔接；其次是根据建设规划时序及现状分析来选择市政桥、隧道与地铁站的初步合建模式；最后是分析地铁车站的交通需求，根据进出站交通的定性分析，如道路交叉口四个象限的交通需求，周边设置地铁附属设施的条件、换乘客流的大小来选择交叉换乘形式（T形、十字形或L形）。

4.5.2.2 空间整合

空间整合包括平面布局和竖向布局，这两个过程一般是相互交织、相互反馈的，不是孤立的过程。

首先是平面布局，隧道和桥梁，尽量沿中线布置。通过站、隧、桥这三者的建设时序，初步确定合建模式，选择共墙、共板、共桩等模式。一般而言，若市政工程为远期，规划尚未确定，则地铁站的设计则选择与市政工程脱离或减少合建工程的方式。与市政桥分离或仅采用共桩的合建方式；与市政隧道则采用隧侧脱离或隧侧共桩共墙方式；若三者同期实施，则可采用车站在桥下或隧下的同位合建模式。

其次是竖向布局，分析地铁车站与桥梁、隧道的竖向空间关系，减少隧道对车站的割裂作用，充分利用隧道船槽段的竖向空间，做到竖向空间的充分利用。一般而言市政桥设置在路面，隧道设置在负一层，车站根据合建模式，确定是否同位合建。

最后是通过交通及周边场地分析确定地铁车站的换乘方式，在一体化设计的思想指导下，进一步确定合建模式。具体选用标准参考前述换乘车站的选择方法

4.5.2.3 结构一体化

结构工程设计是综合交通节点的关键环节之一，原则上尽可能一体化设计，跟前述基本一致。

4.6 一体化设计方案特点及适用范围

本节首先分析站、桥、隧合建模式的可行性方案，主要从岛-岛与侧-岛两种交叉换乘站类型出发，从桥下隧下、桥侧隧下、桥下隧侧以及桥侧隧侧四种空间关系逐一分析，对每种可行性方案提出总平面布局示意图、剖面示意图，从一体化要素进行分析，就其特点和适用范围进行详细分析。为便于叙述，如前述将隧道标定为东西方向，该方向地铁为 B 线，桥梁为南北方向，该方向地铁为 A 线。

4.6.1 站、桥、隧合建模式可行性方案

从理论上讲，车站与桥隧之间有 4 种基本的空间关系(桥下隧下、桥侧隧侧、桥侧隧下、桥下隧侧)。这 4 种空间与两线交叉换乘车站的常用三种形式（十字、T 形、L 形）组合有 12 种基本模式。在这 12 种合建模式的基础上开展地铁换乘车站一体化设计研究。此处的地铁换乘车站本书限定为两线交叉换乘地下车站，其站台组合关系有两种常用形式（岛-岛、侧-岛）组合。与前述 12 种合建模式又可组合为 24 种合建方案。为提高效率，本书先排除部分明显不合理的组合。

侧岛换乘车站，由于侧式车站一般设置于岛式站台之上，为节省埋深，与隧道同层设计，由此就排除了侧岛隧下组合模式；同时因侧式站台与岛式站台无法形成 L 形、T 形换乘，进一步排除侧岛与 L 形、T 形组合模式。

对于隧侧模式的十字换乘车站而言，车站与隧道位于同层，则隧道对车站的割裂非常严重，车站内部交通影响较大，一般不予采用。

最后整理出 12 种可行性方案，如表 4-3 所示。

表 4-3　站、桥、隧合建模式可行性方案一览表

模式分类	桥下隧下			桥下隧侧			桥侧隧下			桥侧隧侧		
	十字	T形	L形	十字	T形	L形	十字	T形	L形	十字	T形	L形
岛-岛换乘	√	√	√	×	√	×	√	√	√	×	√	√
侧-岛换乘	×	×	×	√	×	×	×	×	×	√	×	×

4.6.2　桥下隧下换乘车站一体化方案

该方案的基本特征是地铁车站在交叉路口形成岛-岛交叉换乘，并设置在市政桥梁及隧道的下部。在空间设计上，车站的平面与普通的换乘车站没有太大的区别，主要区别在于如何处理车站与隧道的关系。站内外交通均不受桥隧的影响，与每种换乘站形式的交通特征一致；空间上由于车站位于桥下隧下，要形成连通站厅则需将车站下压，使站厅在隧道下部空间形成全高或半高空间。三种交叉换乘形式（十字、T 形、L 形）车站的特征及适用范围在 4.2 章节中已详细分析，本节不再赘述。仅分析其与市政桥隧合建，形成的一体化方案。在交通一体化方面，车站交通功能根据与隧道和桥梁的结合方式不同而变化；在空间一体化方面，车站与市政桥隧充分利用平面及竖向空间；在结构一体化方面，车站与市政桥隧可共墙共板，实现结构一体化。

4.6.2.1　桥下隧下 T 形岛-岛换乘车站一体化方案

A 线车站位于桥梁下方，与桥梁合建模式为同位合建模式；B 线车站位于隧道下方，与隧道同位共板合建；两线车站在交叉路口呈 T 形换乘。根据前述 4.3 节可知，A 线车站站厅可与隧道形成同层及不同层两种形式。当 A 线车站与隧道同层时，A 线站厅被隧道分隔为南北两个站厅，而 B 线站厅位于隧道下方，与 A 线站厅不同层，由此形成 3 个站厅，即 A 线南、北站厅及隧下 B 线站厅；当 A 线车站与隧道不同层时形成连通站厅。由此，桥下隧下岛-岛换乘模式又可细分为连通站厅方案及分离站厅方案。

1）连通站厅方案

该方案地面层 A 线方向为市政桥，负一层为市政隧道及 A 线物业开发，

负二层为两线站厅，负三层为 A 线站台，负四层为 B 线站台。两线车站在交叉路口呈 T 形换乘，两线共用站厅，位于隧道下方，为连通站厅。站厅上方与隧道同层的空间可作为物业开发与周边地块连接，见图 4-30 ~ 图 4-35。

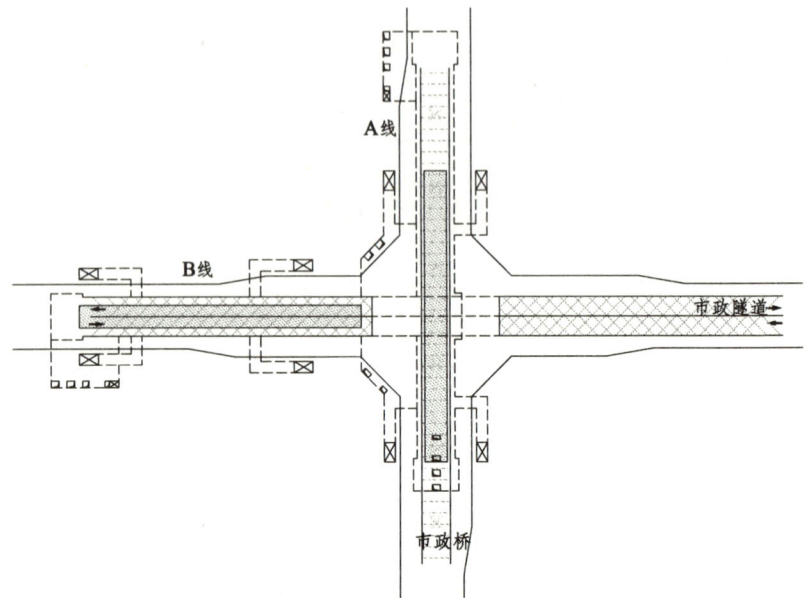

图 4-30　桥下隧下 T 形岛-岛连通站厅总平面示意图

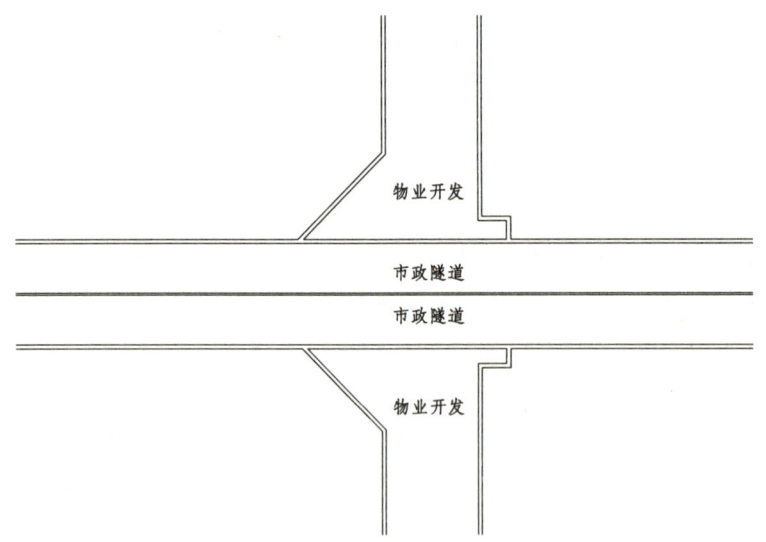

图 4-31　桥下隧下 T 形岛-岛连通站厅负一层平面示意图

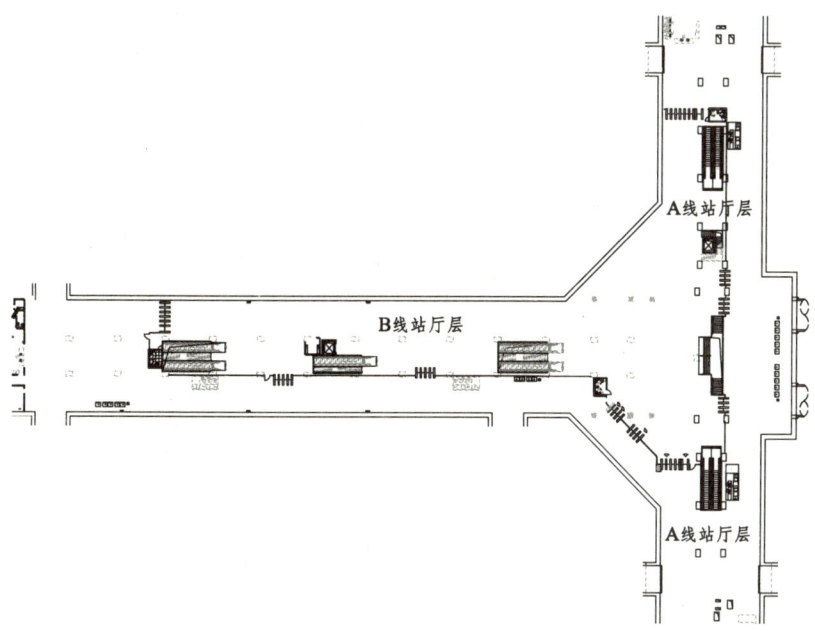

图 4-32　桥下隧下 T 形岛-岛连通站厅负二层平面示意图

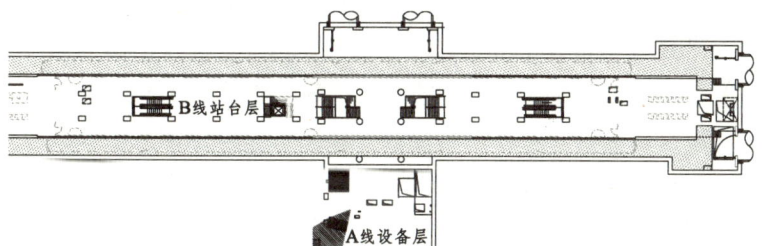

图 4-33　桥下隧下 T 形岛-岛连通站厅负三层平面示意图

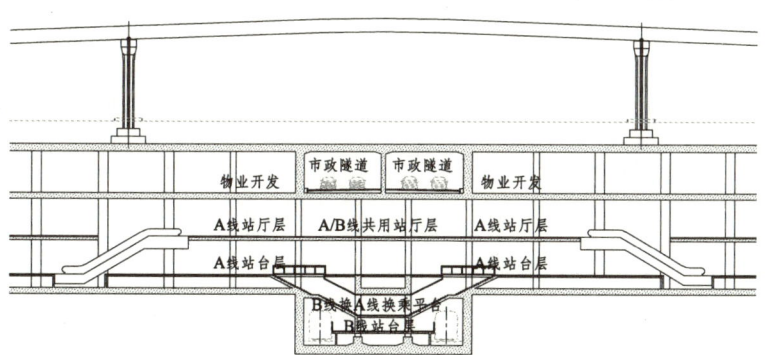

图 4-34　桥下隧下 T 形岛-岛连通站厅 A 线剖面示意图

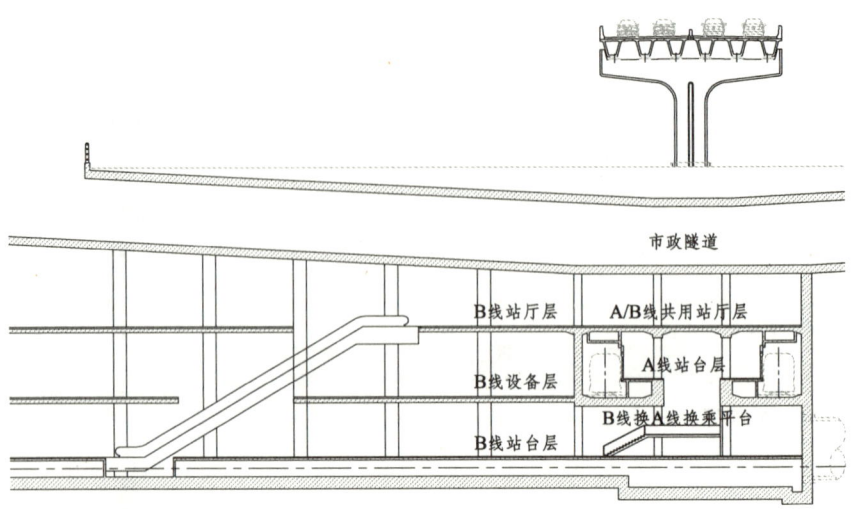

图 4-35 桥下隧下 T 形岛-岛连通站厅 B 线剖面示意图

该方案最大的缺点是车站埋深大，投资高。若为了提升车站埋深，可以考虑将隧道下方隧道底板与站厅中板结构净距最低处控制在 3.2~3.6 m（常规为 5.8 m）以内，并且调整隧道最低点至车站范围外，但仍在交叉口范围内，即 B 线车站置于隧道船槽爬坡段。由此，实现不影响站厅大部分空间的层高，又能降低投资的目的。该方案车站埋深整体提升 2.6~3.0 m，具体数值需根据最低处站厅结构净高、道路交叉口范围大小及隧道最低点调整范围综合确定。其优点是节省了投资，缺点是 A 线车站站厅最低处位于车站中部，不利于站内管线穿越布置，只能沿侧墙敷设，同时减少了物业开发面积，见图 4-36、图 4-37。

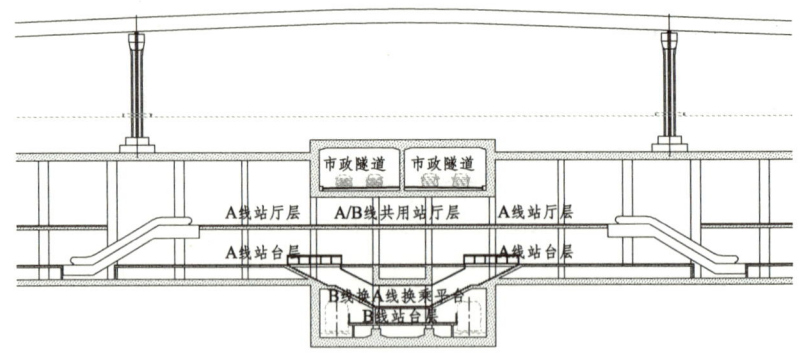

图 4-36 桥下隧下 T 形岛-岛连通站厅 A 线剖面示意图

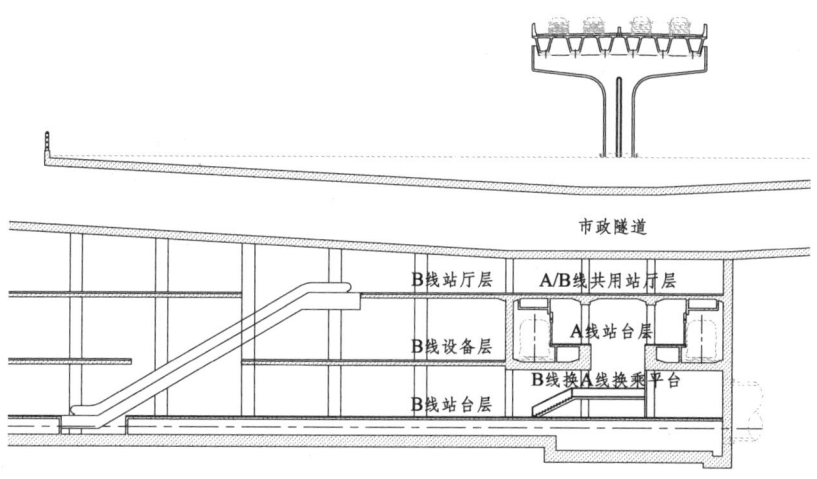

图 4-37 桥下隧下 T 形岛-岛连通站厅 B 线剖面示意图

在交通一体化方面,由于 B 线车站位于隧道下方,A 线车站横穿过隧道将隧道南北向连通,在道路交叉口四个象限均方便通过地铁出入口进出地铁站,实现内外交通联系。由于 A、B 线车站站厅连通,在道路交叉口四个象限均方便通过地铁出入口进出地铁站,实现内外交通联系。道路地面交叉口和地铁换乘站内部交通流线基本不受影响,可根据地铁车站的要求进行设计。因此该方案在交通功能方面是比较理想的。

在空间一体化方面,B 线车站位于隧道下方,充分利用了隧下空间,A 线车站位于桥梁正下方,也充分利用了桥下空间。因进行了一体化设计,在换乘站设计的同时优化了隧道设计,提升了换乘站的车站埋深,合理进行空间整合的同时也节省了投资。桥隧下方的绿化空间可以设置地铁风亭等附属设备,节省了土地,利于城市景观设计。

在结构一体化方面,站、桥、隧同位合建,同步设计,同步实施,降低了分期施工的风险。若桥梁先于地铁通车运营,还可以疏解 A 线车站方向的交通,节省社会时间成本。B 线车站位于隧道下方,隧道的底板兼作车站的顶板,结构一体化设计施工,具有很好的经济性。

在适用范围方面,该方案在道路空间尺度上无特别要求,适用于与市政桥隧同期规划同步实施的大客流的车站,总体上适用范围广。

2)分离站厅方案

该方案地面层为市政桥,负一层为市政隧道及 A 线站厅,负二层为 B 线站厅及 A 线站台,负三层为 B 线站台。两线车站在交叉路口呈 T 形换乘,车站埋深浅，投资省。其缺点是 A 线站厅被市政隧道分隔为南北两个站厅，且两线站厅不同层，需在 T 形节点部位外挂侧厅设置楼扶梯联系两线站厅，见图 4-38～图 4-42。

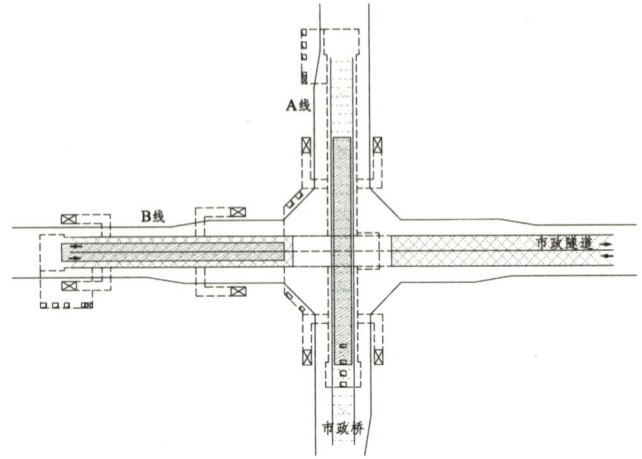

图 4-38　桥下隧下 T 形岛-岛分离厅总平面示意图

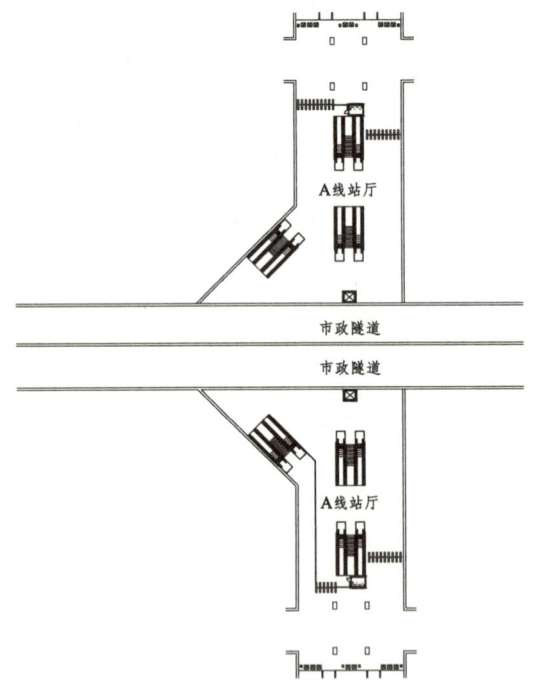

图 4-39　桥下隧下 T 形岛-岛分离厅负一层平面示意图

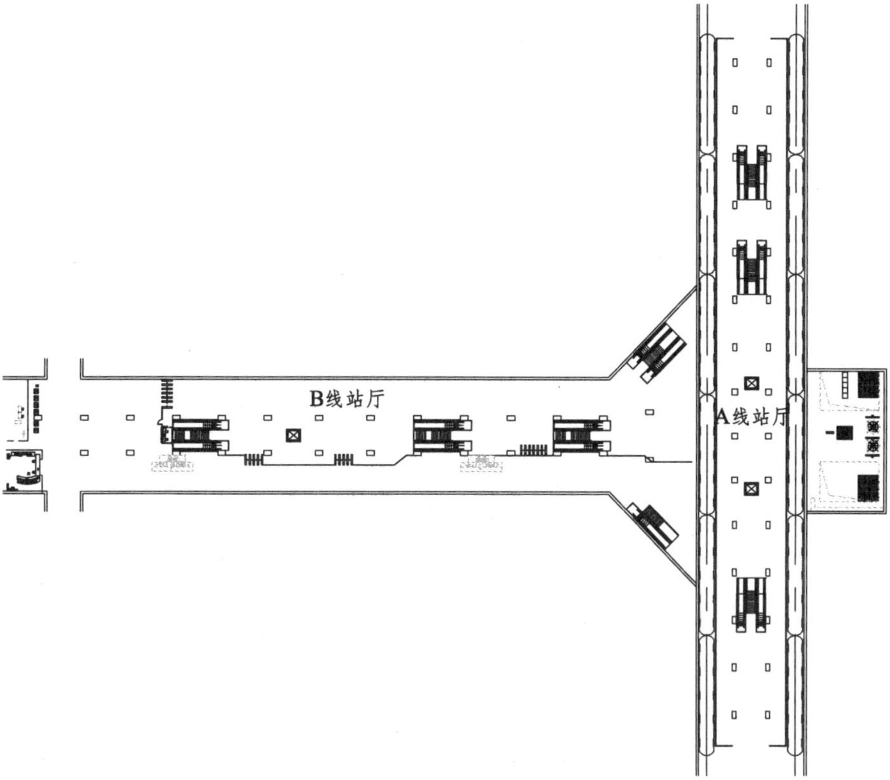

图 4-40 桥下隧下 T 形岛-岛分离厅负二平面示意图

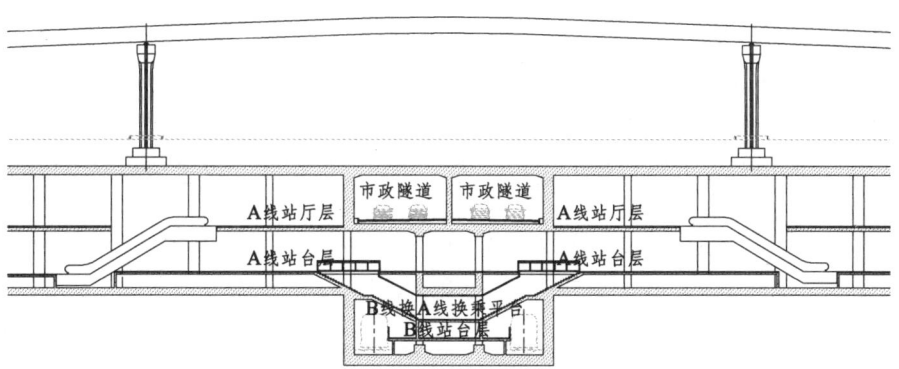

图 4-41 桥下隧下 T 形岛-岛分离厅 A 线剖面示意图

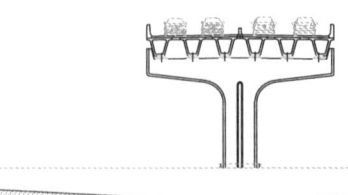
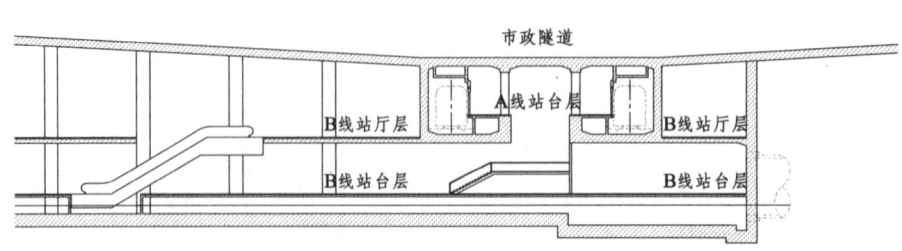

图 4-42 桥下隧下 T 形岛-岛分离厅 B 线剖面示意图

在交通一体化方面，分离站厅的站外交通与连通站厅方案差别不大；主要区别在站内交通流线上。一是非付费区换乘流线因两线站厅不同层，需通过 T 形节点处的外挂厅联系；二是南北向过街流线，因 A 线站厅被隧道分隔为南北两个站厅，南北客流联系也需要通过 T 形节点处的外挂厅连通；三是 A 线站台的出站客流需在站台就要进行出入口的选择，一旦走错站厅，需返回站台重新选择楼扶梯出站，或出地面过街，由此造成了站台客流交叉。总体来说，该方案虽然节省了投资，但交通功能欠佳。

在空间和结构一体化方面，该方案充分利用了桥下、隧下空间，车站埋深比连通站厅方案浅，投资较省，其余大致相同。

在适用范围方面，该方案投资省，交通功能较差，仅适用控制投资的情况，不建议推广。

4.6.2.2 桥下隧下十字岛-岛换乘车站一体化方案

该方案与上述 T 形岛-岛换乘方案的主要区别是两线换乘车站在交叉路口形成十字换乘站的形式，同理可以根据车站埋深的不同，分为连通站厅方案和分离站厅方案，见图 4-43～图 4-48。

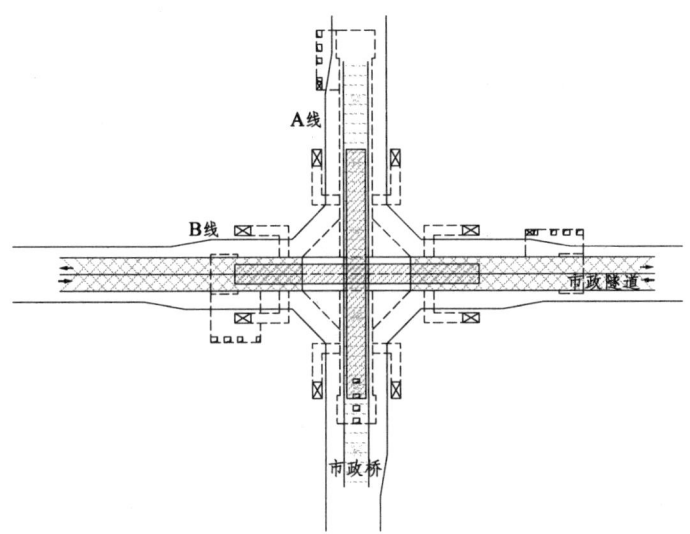

图 4-43 桥下隧下十字岛-岛连通站厅总平面示意图

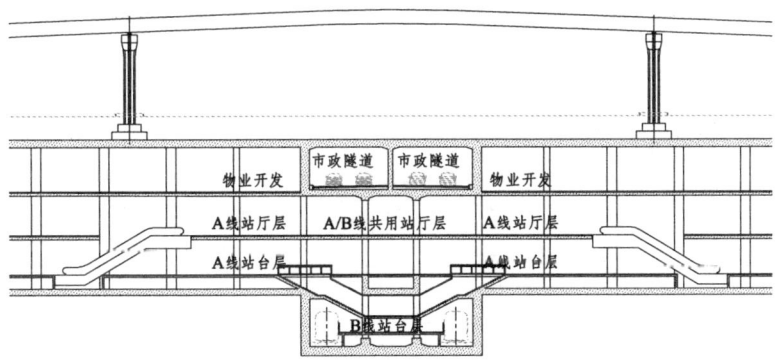

图 4-44 桥下隧下十字岛-岛连通站厅 A 线剖面示意图

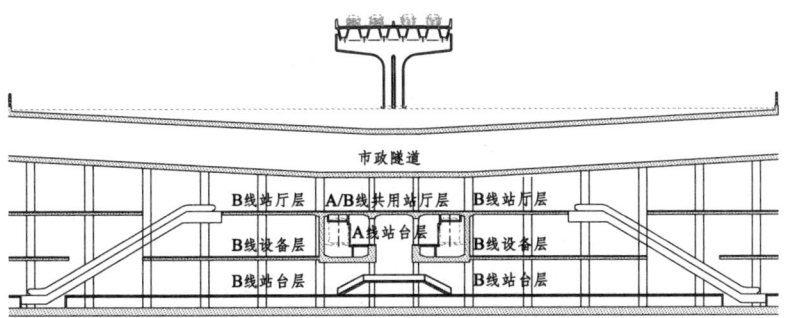

图 4-45 桥下隧下十字岛-岛连通站厅 B 线剖面示意图

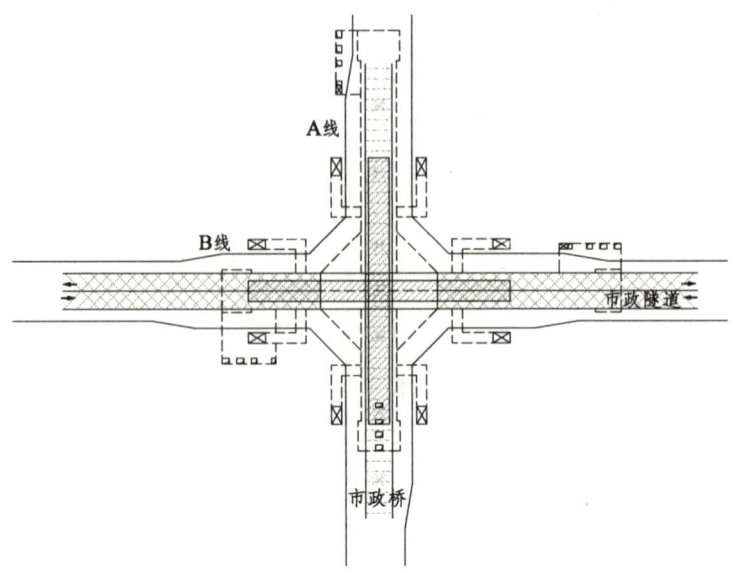

图 4-46　桥下隧下十字岛-岛分离站厅总平面示意图

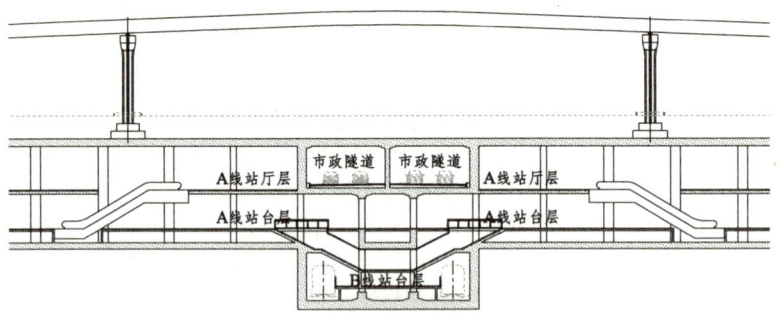

图 4-47　桥下隧下十字岛-岛分离站厅 A 线剖面示意图

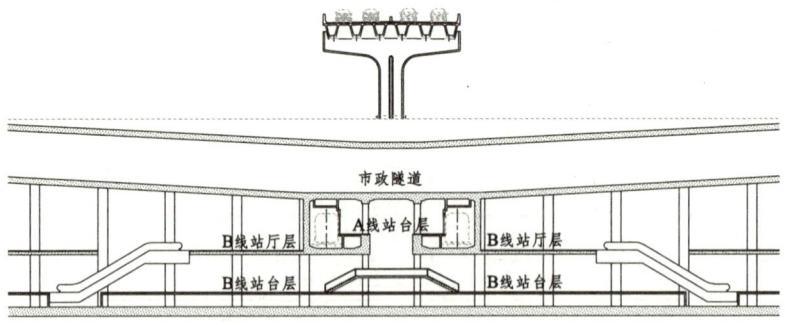

图 4-48　桥下隧下十字岛-岛分离站厅 B 线剖面示意图

在交通、空间及结构一体化要素方面，该方案的站外交通与上述T形方案基本相同，对于站台换乘方式的不同带来的车站功能的变化，已在4.2节中阐述，此处不再赘述。

4.6.2.3 桥下隧下L形岛-岛换乘车站一体化方案

该方案与上述 T 形岛-岛换乘方案的主要区别是两线换乘车站在交叉路口形成 L 字换乘站的形式，同理可以根据车站埋深的不同，分为连通站厅方案和分离站厅方案，因 A 线站厅未穿越市政隧道，形成的分离站厅为负一和负二两个分离站厅，与T形和十字形成的3个分离站厅稍有区别，见图 4-49 ~ 图 4-54。

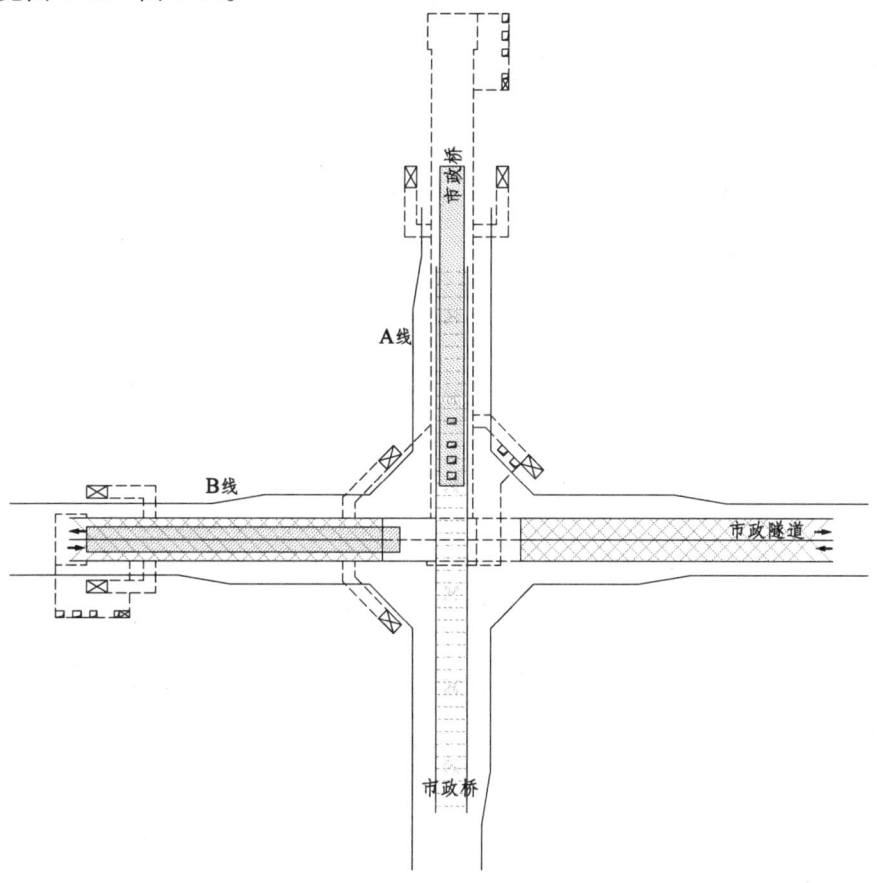

图 4-49　桥下隧下 L 形岛-岛连通站厅总平面示意图

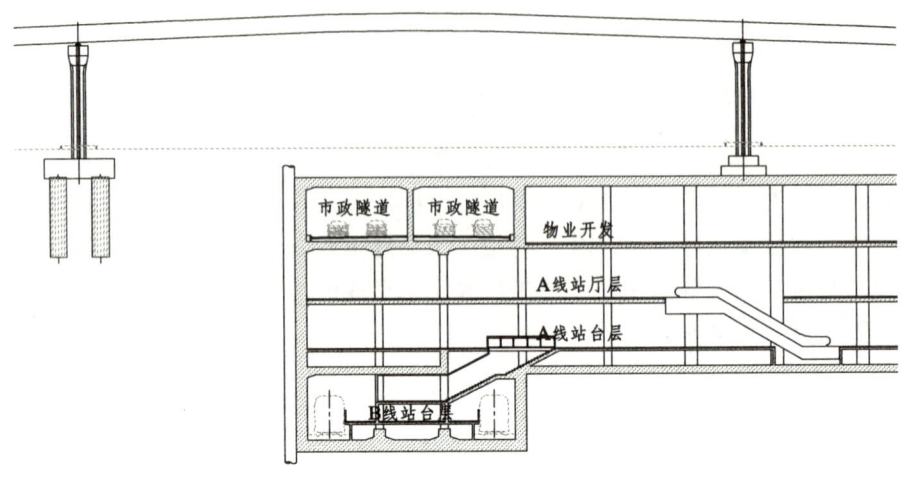

图 4-50　桥下隧下 L 形岛-岛连通站厅 A 线剖面示意图

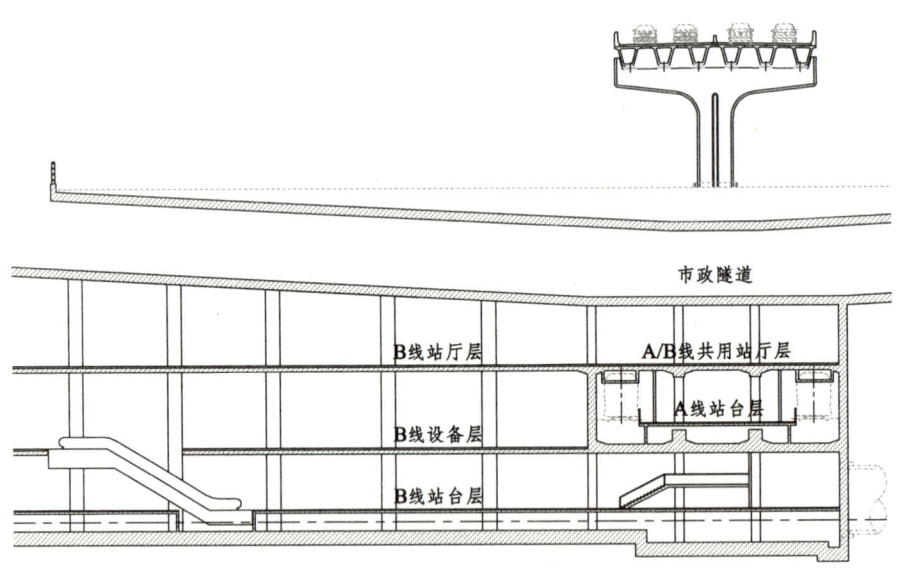

图 4-51　桥下隧下 L 形岛-岛连通站厅 B 线剖面示意图

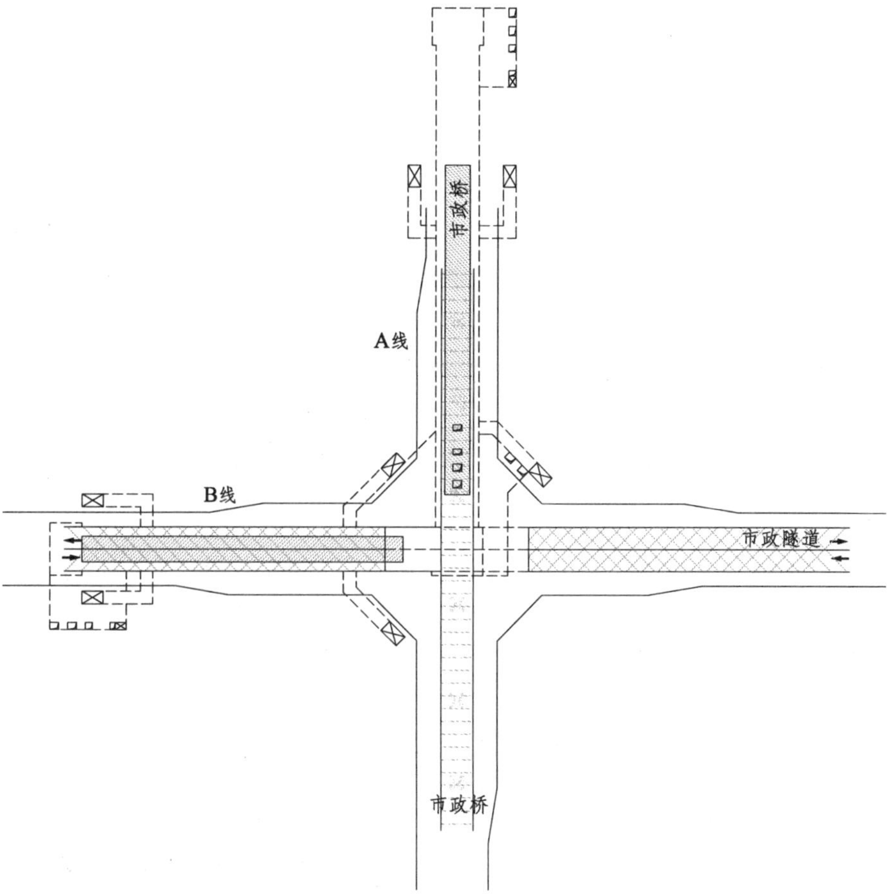

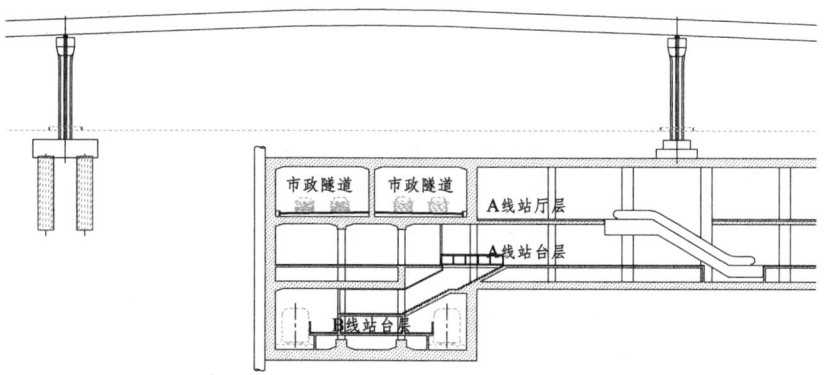

图 4-52 桥下隧下 L 形岛-岛分离站厅总平面示意图

图 4-53 桥下隧下 L 形岛-岛分离站厅 A 线剖面示意图

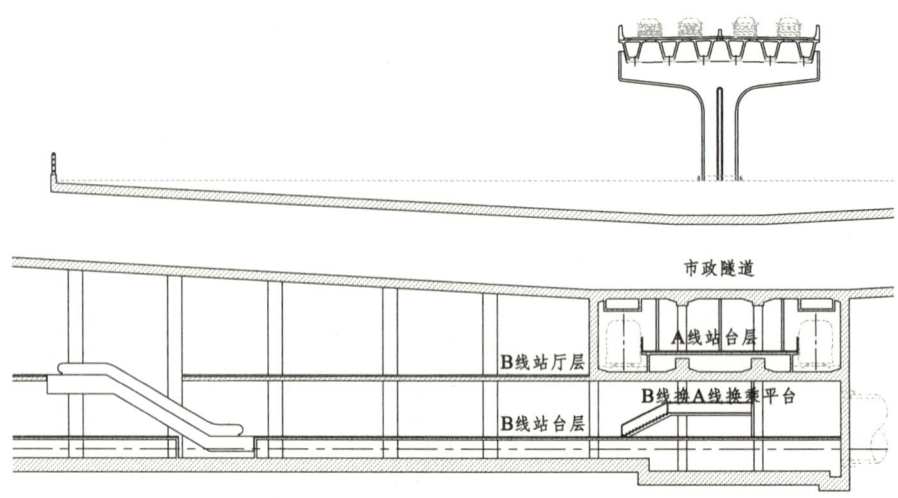

图 4-54 桥下隧下 L 形岛-岛分离站厅 B 线剖面示意图

在交通、空间及结构一体化要素方面,该方案的站外交通与上述 T 形方案基本相同,对于站台换乘方式的不同带来的车站功能的变化,已在 4.2 节中阐述,此处不再赘述。

4.6.3 桥侧隧下换乘车站一体化方案

该方案的基本特征是地铁车站在交叉路口形成岛-岛交叉换乘（T 形、L 形、十字）;A 线车站设置在市政桥梁的一侧,桥桩兼作车站的围护桩;B 线车站设置在隧道的下部,与隧道共板合建。与桥下隧下换乘车站比最大的区别是 A 线车站与桥梁没有同位合建,而仅仅只是桥桩兼作车站围护桩,相对独立设计,占用较大的路面宽度。B 线车站与隧道的关系及车站本身的换乘关系均与桥下隧下换乘车站方案相似。

在交通一体化方面,站外交通组织与桥下隧下模式区别不大。

在空间一体化方面,B 线车站与隧道充分利用竖向空间。A 线车站位于桥侧,一方面需要南北向更多的平面空间,另一方面 B 线车站可以更靠近隧道船槽爬坡段,从而避开隧道的最低点,适当减少车站整体埋深。

在结构一体化方面,车站与市政桥共桩、车站与隧道可共墙共板,实现结构一体化。桥梁受力体系与车站受力体系独立,更利于结构设计。

因桥侧隧下换乘车站一体化方案与桥下隧下换乘车站一体化方案在剖面

关系上大体一致，此处就不展开论述剖面关系，平面关系见图 4-55 ~ 图 4-57。

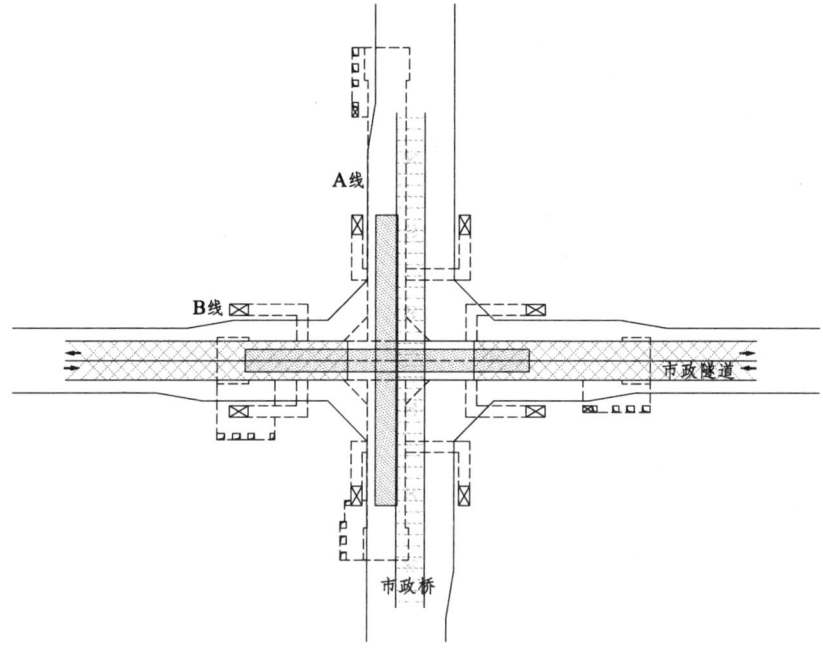

图 4-55　桥侧隧下十字岛-岛总平面示意图

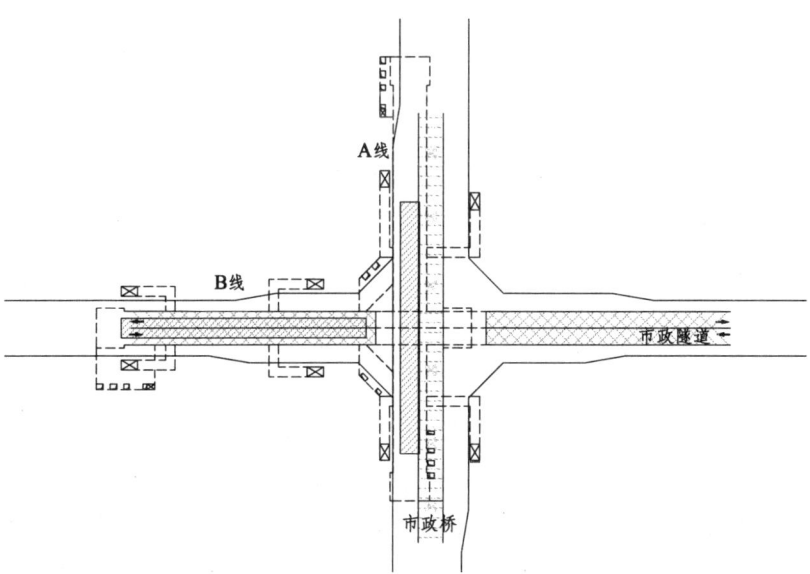

图 4-56　桥侧隧下 T 形岛-岛总平面示意图

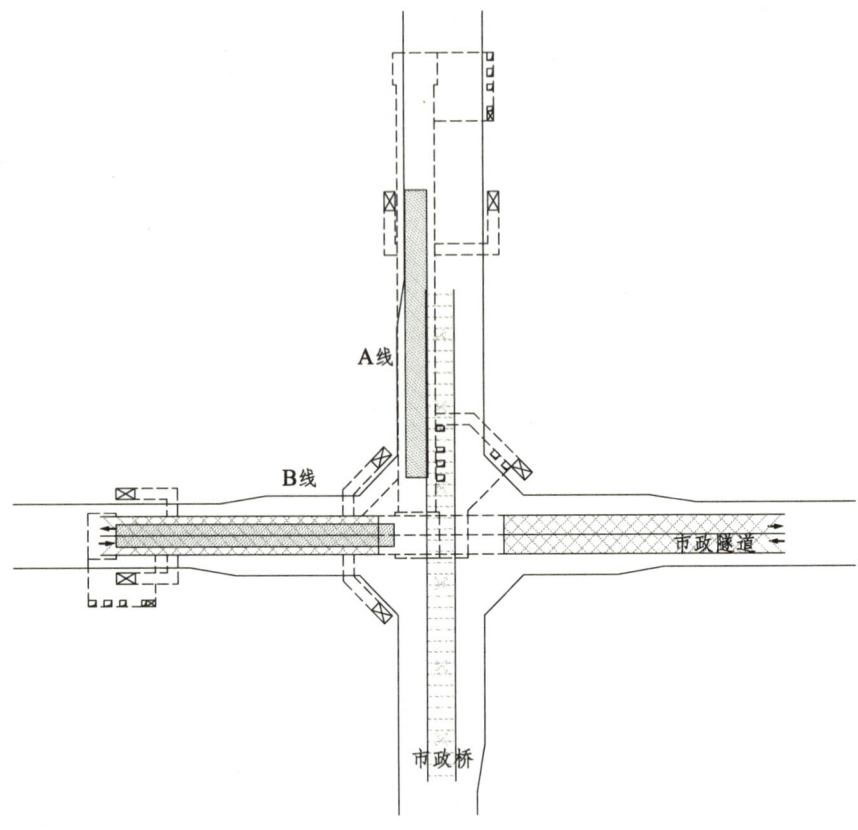

图 4-57 桥侧隧下 L 形岛-岛总平面示意图

在适用范围方面，该方案适用于路面宽度较宽的道路交叉口，市政桥梁工程暂未稳定的情况，具有较大的灵活性。具体选用何种交叉换乘，参见前述 4.2 节。

4.6.4 桥下隧侧换乘车站一体化方案

A 线车站位于桥下，车站与桥梁同位合建；B 线车站位于隧道一侧，与隧道共墙或共桩合建；与前述两种方案最大的区别是 B 线车站位于隧侧，根据前述 4.6.1 节论述，两线车站在交叉路口形成 T 形、L 形岛-岛换乘方案及十字侧岛换乘方案。

4.6.4.1 桥下隧侧T形岛-岛换乘车站一体化方案

该方案B线车站位于隧道一侧,A线车站位于桥下与B线车站同侧(不穿越隧道),两线车站在交叉路口形成T形换乘,见图4-58~图4-60。

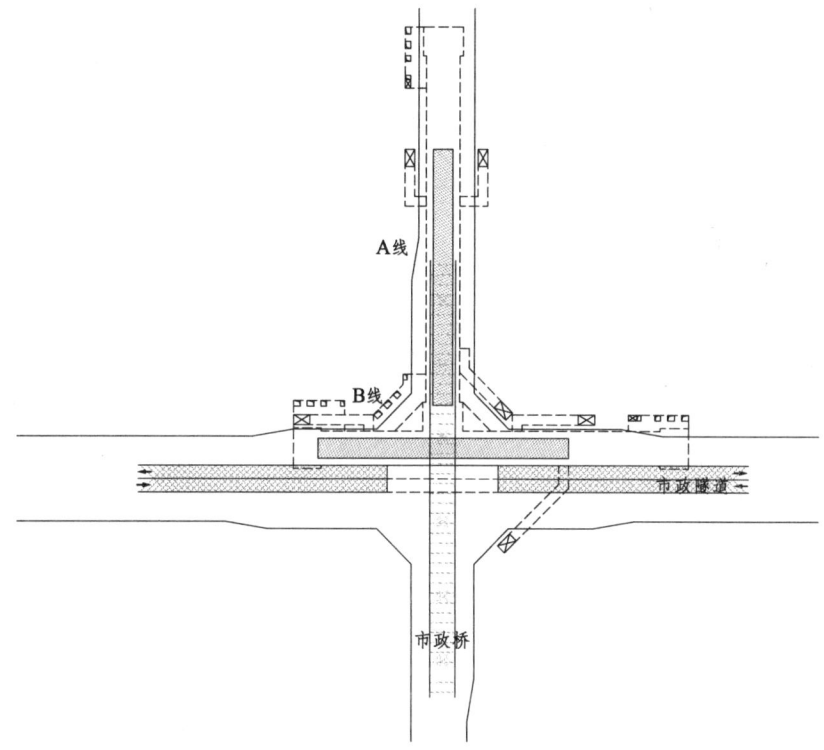

图4-58 桥下隧侧T形岛-岛换乘车站总平面示意图

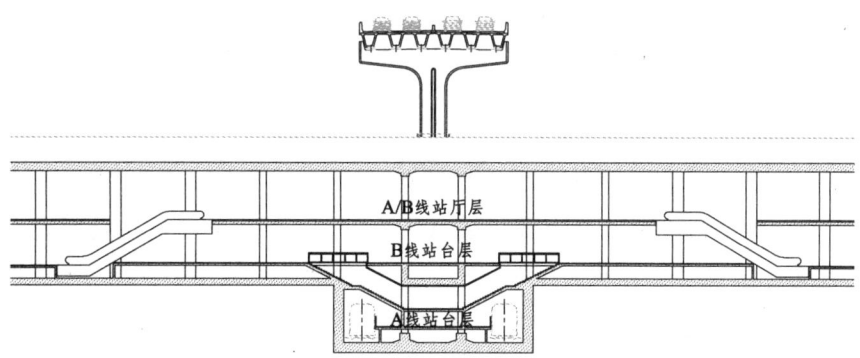

图4-59 桥下隧侧T形岛-岛换乘车站A线剖面示意图

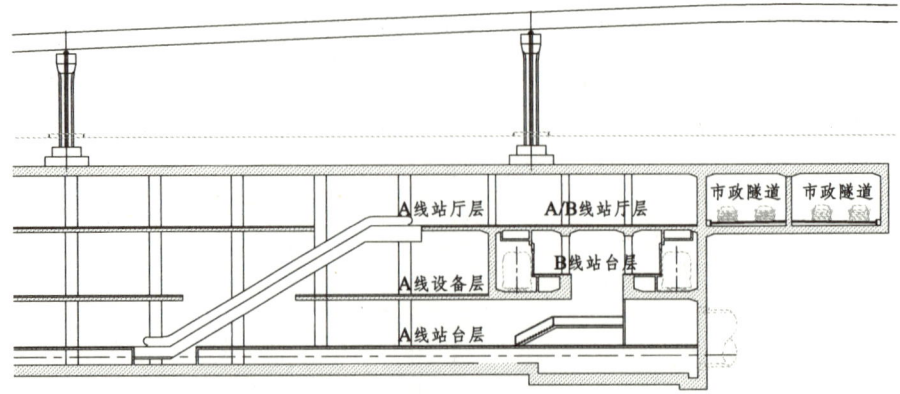

图 4-60 桥下隧侧 T 形岛-岛换乘车站 B 线剖面示意图

在交通一体化方面，站外交通组织与桥下隧下换乘站方案区别不大；站内交通受隧道影响，只能服务于隧道一侧，由于 B 线车站位于隧道一侧，且与隧道同层，A 线车站与桥梁同位合建，与 B 线车站同侧。从站内交通来看，车站埋深浅，竖向空间不受隧道影响，空间整合，换乘便捷。从客流吸引来看，隧道北侧象限的客流吸引较好，但隧道南侧象限的客流被隧道阻隔，无法设置出入口，客流吸引较差。

在空间一体化方面，因 B 线车站位于隧道一侧，需要东西向更多的道路平面空间，不利于管线迁改，对道路地下平面空间宽度要求较高，竖向空间的利用相对较差；A 线车站与桥梁同位合建，空间利用与前述桥下隧下方案一致。

在结构一体化方面，A 线车站与前述桥下隧下方案一致，B 线车站与隧道可共桩或共墙合建，也可分期建设，比较灵活。

在适用范围方面，适用于道路宽度较宽、市政隧道工程暂未稳定的情况。但因客流吸引较差，一般不采用。

4.6.4.2 桥下隧侧 L 形岛-岛换乘车站一体化方案

该方案 B 线车站位于隧道一侧，A 线车站位于桥下与 B 线车站同侧（不穿越隧道），两线车站在交叉路口形成 L 形换乘，见图 4-61~图 4-63。该方案在交通、空间及结构一体化方面与桥下隧侧 T 形岛-岛换乘车站方案区别不大，主要区别在于站台换乘方式的选择，具体详见前述 4.2 节。

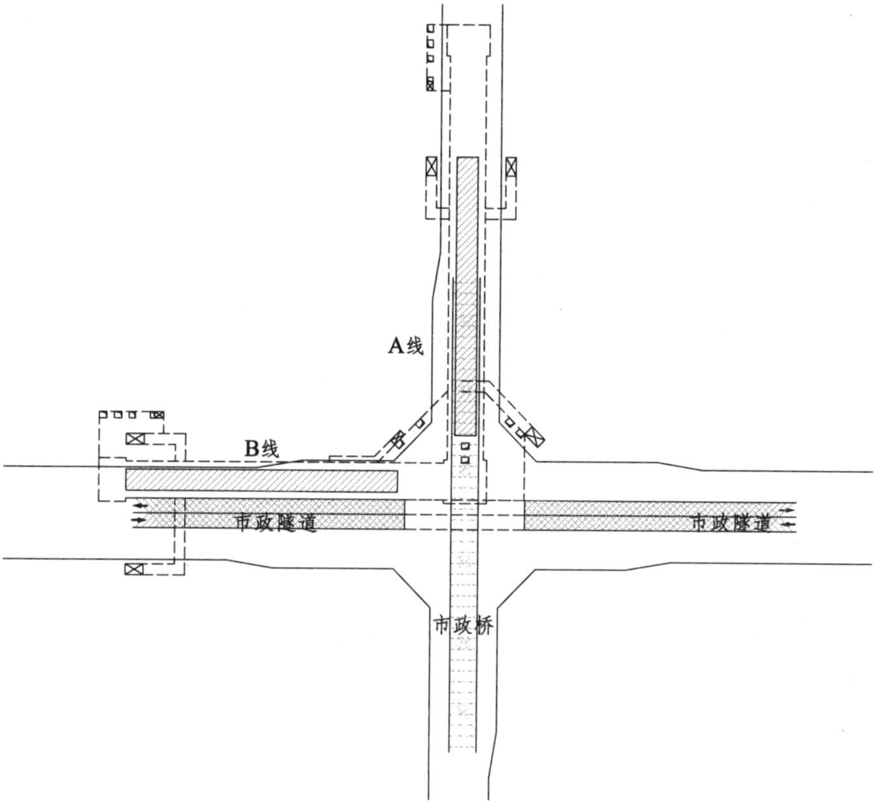

图 4-61 桥下隧侧 L 形岛-岛换乘车站总平面示意图

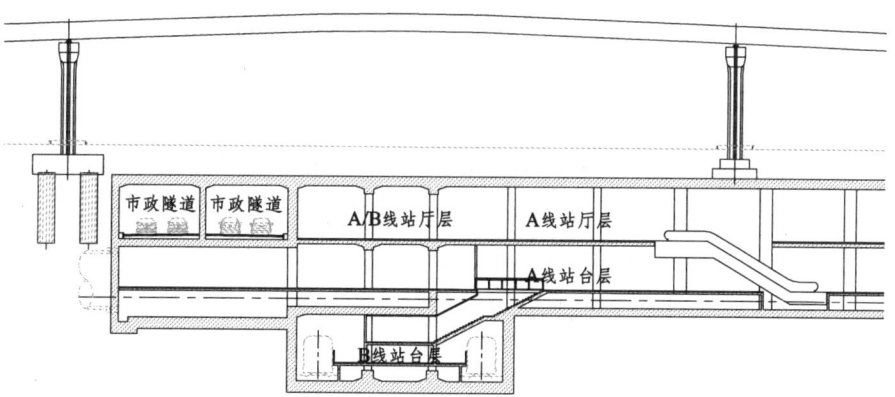

图 4-62 桥下隧侧 L 形岛-岛换乘车站 A 线剖面示意图

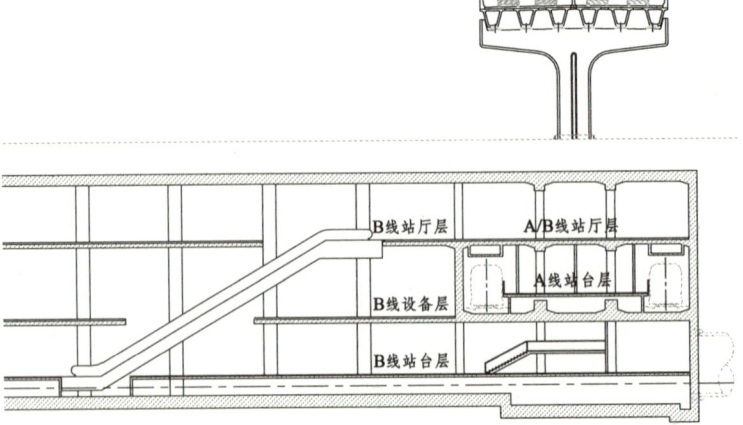

图 4-63　桥下隧侧 L 形岛-岛换乘车站 B 线剖面示意图

4.6.4.3　桥下隧侧十字侧-岛换乘车站一体化方案

该方案 B 线车站为侧式车站，因为隧道限定位于道路中线，而侧式站台占地较宽，两个侧式站台只能分别位于隧道两侧，A 线车站位于桥下，穿越隧道，两线车站在交叉路口形成十字换乘，见图 4-64~图 4-67。

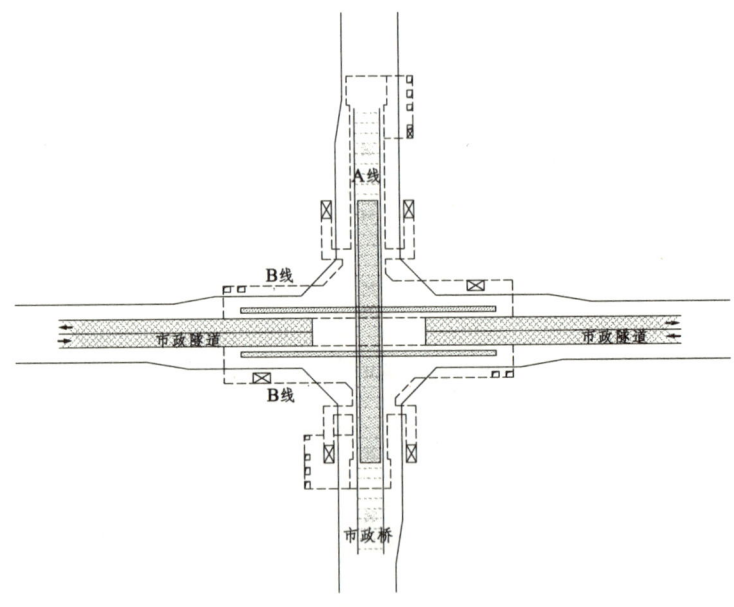

图 4-64　桥下隧侧十字侧-岛总平面示意图

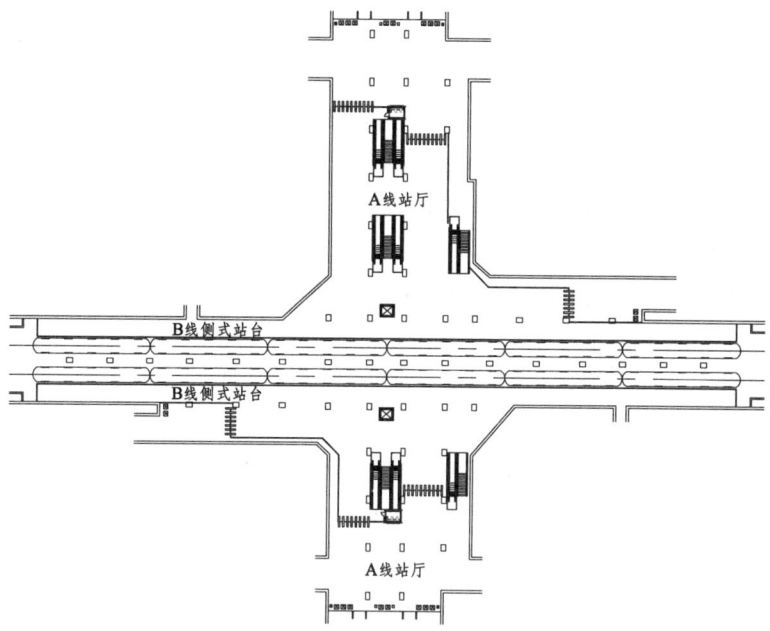

图 4-65　桥下隧侧十字侧-岛负一层平面示意图

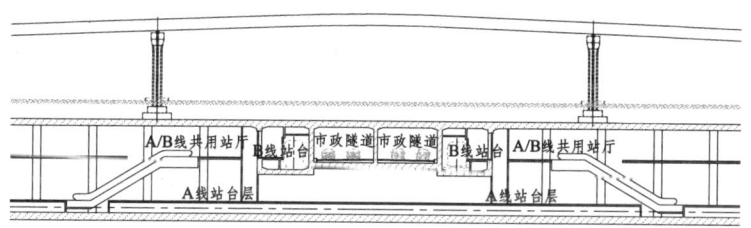

图 4-66　桥下隧侧十字侧-岛 A 线剖面示意图

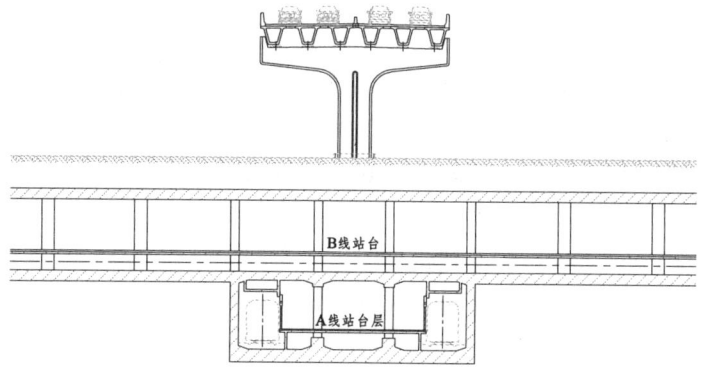

图 4-67　桥下隧侧十字侧-岛 B 线剖面示意图

在交通一体化方面，站外交通交叉口4个方向均可直接进出车站，方便快捷。站内交通受隧道阻隔，两个分离站厅之间需通过地下通道或站台层联系，出站客流或者换乘客流需在站台就要作出去南厅或者北厅的选择，若走错方向，需重新回到站台进行选择，会引起一定的客流交叉。从换乘角度看，上侧下岛形成厅到台两个换乘节点，缓冲空间较大，换乘距离较短，非常便捷。

在空间一体化方面，由于B线侧式站台车站位于隧道两侧，竖向空间利用较差，对道路宽度要求较高。考虑到这类主次干路交叉口一般会进行交叉口展宽设计，可充分利用这个展宽的地下空间来布置地铁车站。

在结构一体化方面，由于站厅均位于负一层，车站埋深浅，投资少。B线车站与隧道可共墙共桩，采用同步建设或分期预留均比较有利，A线车站与桥梁同位合建，一体化程度较高，与前述桥下岛岛换乘一体化方案大致相同。

在适用范围方面，由于车站埋深浅，投资少，侧式车站平面空间占地较大，适用于B线道路红线较宽，且投资较低的情况。

4.6.5　桥侧隧侧换乘车站一体化方案

A线车站位于桥侧，桥梁桥桩兼作车站围护桩；B线车站位于隧道一侧，与隧道共墙或共桩合建。该方案与桥下隧侧方案最大的区别是A线车站与桥梁的合建方式不同。根据前述4.6.1节论述，两线车站在交叉路口形成T形、L形岛岛换乘方案及十字侧岛换乘，见图4-68~图4-70。

在交通一体化方面，站内、外交通组织与桥下隧侧方案区别不大。

在空间一体化方面，因B线车站位于隧侧，A线车站位于桥侧，需要更多的道路平面空间，一体化效果较差。

在结构一体化方面，车站与市政桥、隧道无法同位合建，结构一体化水平较低。

在适用范围方面，桥侧隧侧模式由于空间、结构一体化程度较低，占用道路宽度较大，仅适用于道路较宽、规划不确定的情况，通常不推荐使用。

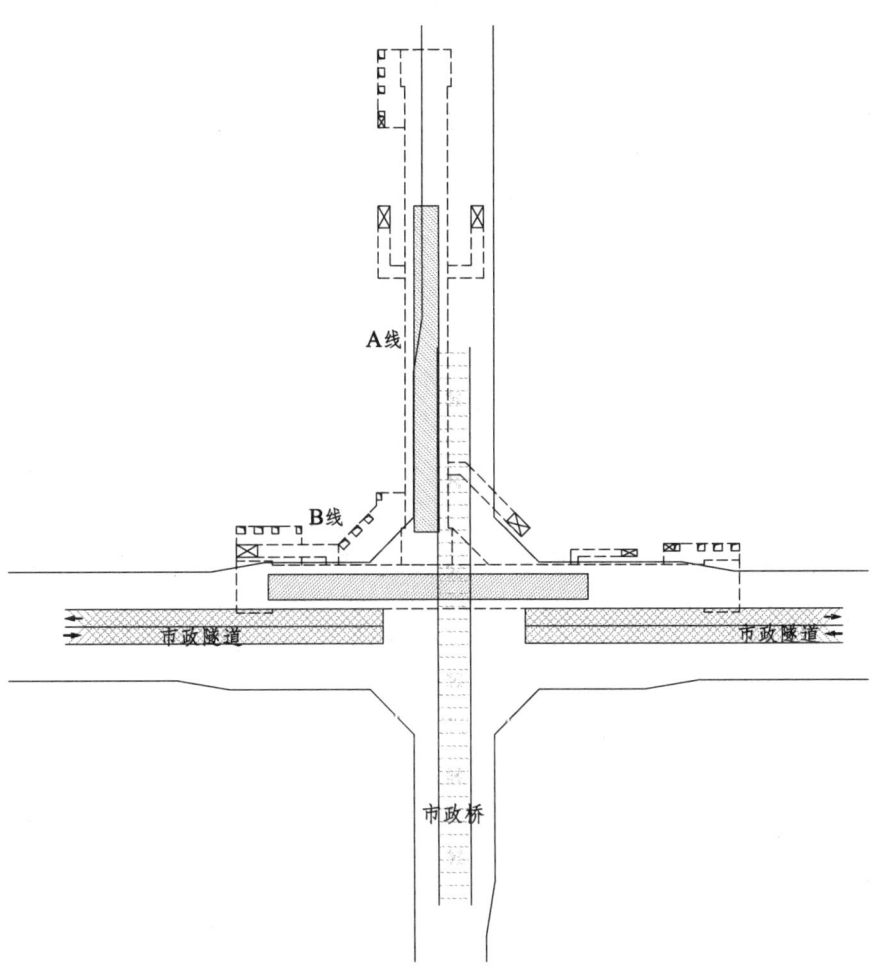

图 4-68 桥侧隧侧 T 形岛-岛换乘车站总平面示意图

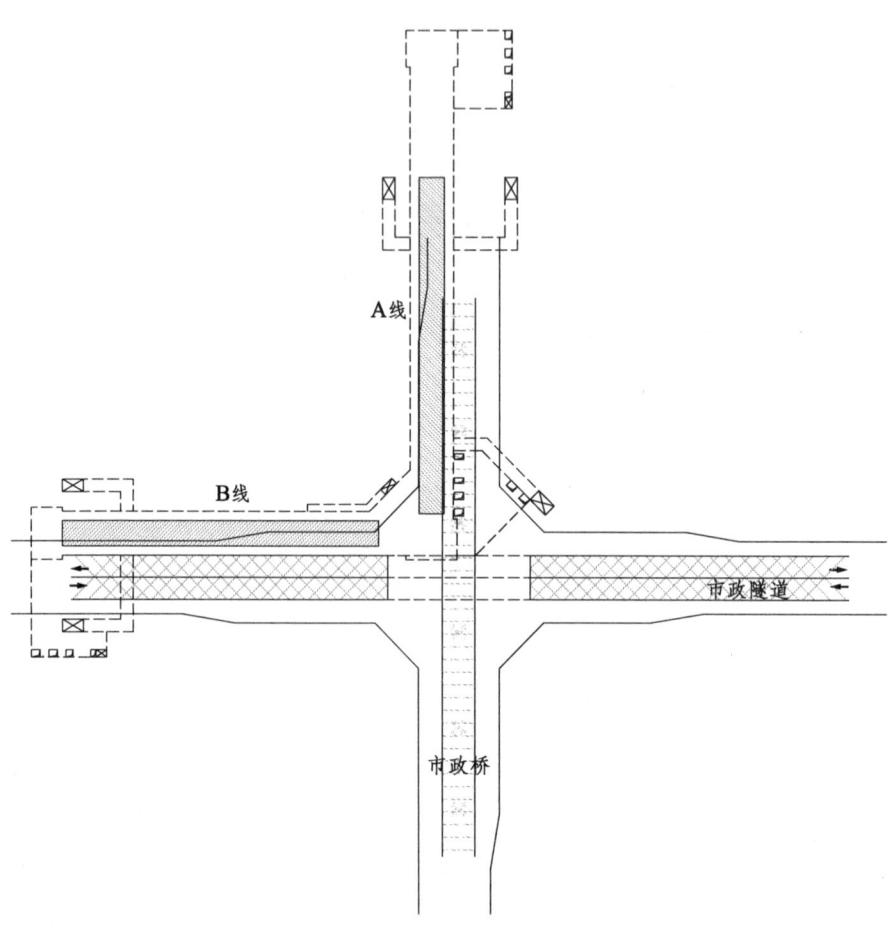

图 4-69 桥侧隧侧 L 形岛-岛换乘车站总平面示意图

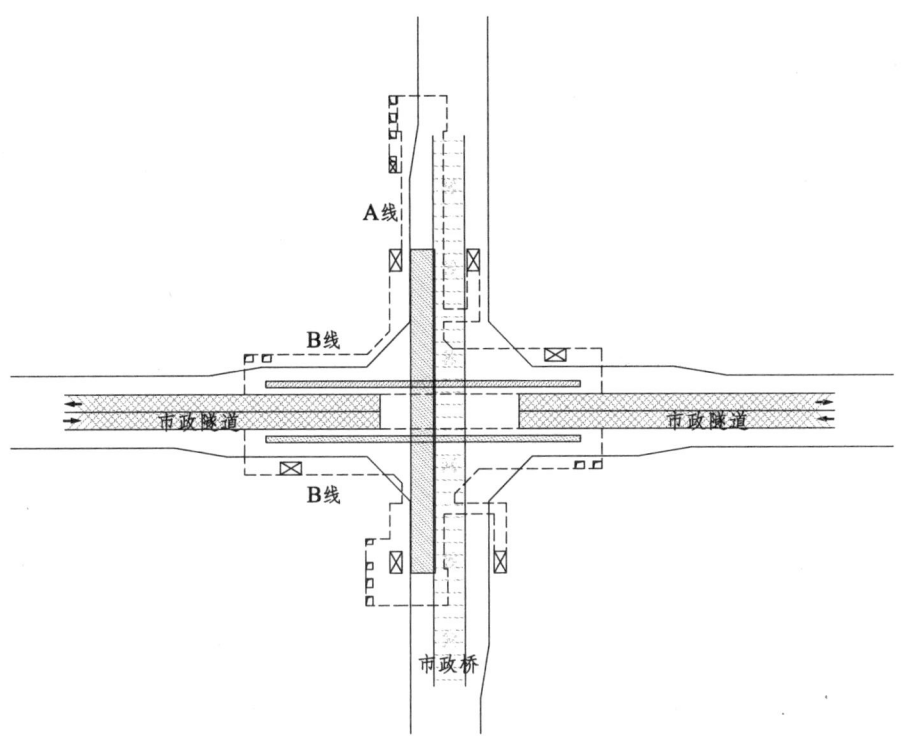

图 4-70　桥侧隧侧十字侧-岛换乘车站总平面示意图

4.7　一体化设计选型推荐

正如前所述，站、桥、隧合建模式类型较多，如何快速从定性的角度理性确定一体化设计方案，是比较重要的一个问题。

从功能优先角度，一体化设计方案涉及几个因素，以桥下隧下 L 形岛岛连通站厅为例，包括桥站关系、隧站关系、换乘站组合形式、站台组合形式以及站厅形式 5 个要素。在选型时，桥下 > 桥侧（节约空间），隧下 > 隧侧（节约空间，减小隧道产生的地下交通隔离），T 形 > L 形 > 十字（此处以中大型客流为基准，小客流选十字，中等客流选 T 形、L 形），岛 > 侧（功能好），连通站厅 > 分离站厅（功能好）。由于隧道对车站的割裂较为严重，设计时应重点处理隧站的关系，优先考虑隧下形式；其次是处理桥站关系，由于桥梁对车站影响相对较小，在项目明确的情况下，应优先选择桥下。基于市政桥隧合建模式下，地铁换乘车站一体化设计研究的设计选型，首先明确换乘车站站台组合形式，优先选择岛-岛站台组合；第二步根据客流大小及换乘需求来选择换乘站形式，即十字、T形和L形；第三步根据功能及投资来选择站厅形式是连通站厅还是分离站厅，择优选择连通站厅。由于大部分车站在设计时会受到诸多条件限制，应根据项目具体的限制条件具体分析。

第 5 章 一体化设计辅助决策方法研究

基于市政桥隧道合建模式的地铁换乘车站一体化设计研究是一个庞大的系统工程，涉及车站与市政桥隧的合建模式、车站的换乘模式、工程投资、建设时序、安全风险等。根据前述第 4 章的研究，如何对一体化设计进行设计选型，对所选方案如何优化设计，项目的整体和各个分部的关系如何，各个单体间功能如何取舍，实现某一功能所需成本控制及多方案决策时如何实现多方案优选，是本章要研究的重点问题。在当前的大型工程设计中，仍然采用感性决策为主的方法，存在较大的风险。本章拟引进价值工程法来进行多方案辅助决策。

5.1 价值工程法简介

价值工程法（value engineering），又称价值分析理论（value analysis），是指对产品、功能、服务或者流程等进行功能与全寿命周期成本分析的一种方法。

它是由美国工程师麦尔斯在采购实践中创立的，是对产品的功能进行分析，使总成本最低，产品的必要功能却能够得以保证，从而使得产品价值得以提高的一门科学的技术、经济方法。其重要目标为降低产品成本，细化地开展质量功能分析，去掉过剩的质量或多余的功能，重点控制成本、质量、安全、功能因素，最终实现降低工程造价，提高项目的经济效益、环境效益和社会效益。

它最先被应用于房地产开发企业，美国公共管理部门甚至规定价值工程必须在建筑设计、施工合同中体现。价值工程主要用于方案优化、降低成本,得到了成功的应用。在英国,价值工程法应用于设计、施工阶段,也指导着决策和运维阶段。而在日本,建筑行业应用价值工程法占了价值工程70%的应用活动。价值工程法后来发展成为质量控制理论与方法,在工业生产、项目管理、企业管理、工程建设与施工等多领域有广泛的应用。

价值工程引入我国以后得到了长足的发展和应用。根据国家标准《价值工程　基本术语和一般工作程序》(GB 8223—87)的规定,价值工程被定义为:价值工程是通过各相关领域的协作,对所研究对象的功能与费用进行系统分析,不断创新,旨在提高所研究对象价值的思想方法和管理技术。其目的是以研究对象的最低寿命周期成本可靠地实现使用者所需功能,以获取最佳的综合效益。针对这个定义,可以明确提起价值工程应用的三大关键概念:

(1) 使用价值工程的目标是提升(最少是保持)对象的功能价值。
(2) 明确需要达到的功能,即定义功能重要性。
(3) 明确全寿命周期成本并量化成为成本系数。

简单来说,价值工程理论体系即在保证功能不损失的情况下,如何以最小的成本实现需求的结果。价值工程的理论基础以数学表达式表示为:

$$V = F/C \tag{5-1}$$

式中　V 即 value,被定义为价值系数;
　　　F 即 function,被定义为功能重要性系数;
　　　C 即 cost,被定义为成本系数。

价值工程理论基础的中心思想其实较为简单,即引用功能系数与成本系数间的比值作为衡量目标物的价值。这个过程其实非常直观,例如,在给定某些功能的情况下,对于多种产品,自然是成本较低的产品经济价值较高。为将价值工程的应用扩展至更广泛的领域,价值的概念应被理解为功能与实现功能所需的成本间的比值,并以此作为对目标物进行评价的指标。

产品功能与成本的关系见图 5-1。

价值工程的目的是从经济与技术两方面同时对方案进行改进与创新,以得到最优解。根据公式与图表,提高产品价值有五种途径:

(1) 提高功能,减少成本(最理想的改进方法)。

（2）提高功能，控制成本不变。
（3）控制功能不变，减少成本。
（4）成本稍微提升，同时大幅度提高功能。
（5）功能稍有下降，同时大幅度节省成本。

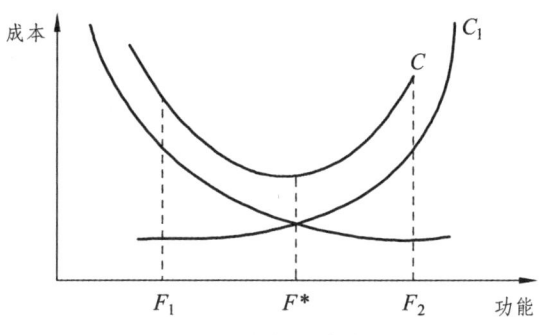

图 5-1　产品功能与成本的关系

5.2　方案决策方法和流程

5.2.1　对象选择

以基于市政桥隧合建模式的地铁换乘车站一体化设计方案为价值工程分析对象。

5.2.2　建立模型

价值工程的理论基础见式（5-1）。

运用价值工程分析功能与成本间的关系，以提高价值系数为目的，因此价值系数越大越好。

5.2.3　确定功能系数

功能分析是价值工程活动的核心和基本内容，通过功能分析，弄清哪些功能是必要的，哪些功能是不必要的，从而在创新方案中去掉不必要的功能，补充不足的功能，使产品的功能结构更加合理，达到可靠地实现使用者所需功能的目的。

5.2.3.1 建立功能指标体系

功能整理是功能分析中第一个重要步骤，用系统的观点将各种功能系统化，确定各类功能间的逻辑关系，从而为后续的功能重要性指标量化过程和方案构思提供基础。在实际应用中，常常尽可能大量列出有可能采用的功能，做到全面思考，在这些功能中进行筛选并排序，以确定将要研究的功能指标。而在价值工程中，功能系统图是最常用的表达功能间逻辑关系的直观手段。功能系统图是按照特定的原则，将定义的各功能联结，从单个到局部到整体，从而形成一个完整的功能体系。根据本书绘制的功能系统图如表 5-1。

表 5-1　功能指标体系表

一级指标	二级指标
本体功能 B	顺畅性 B_1
	便捷性 B_2
	通畅性 B_3
附属功能 A	过街功能 A_1
	车站管理难度 A_2
	设备设施管理难度 A_3
	车站空间一体化度 A_4
	站外附属设施一体化度 A_5
衍生功能 D	带动物业开发价值 D_1
	周边物业开发衔接度 D_2
	施工组织一体化度 D_3

本研究基于价值工程法，提炼出三个一级指标分别为：本体功能、附属功能以及衍生功能。这三个一级指标的建立旨在综合考虑地铁换乘车站与市政桥、隧道的一体化设计方案。在一体化建设与开发的前提下，本书从三大方面对地铁车站本体的设计及其与周边地块的联动进行评价。

1）本体功能性指标 B（Body Function）

该一级指标是本体功能性指标，主要是针对该类交通设施的本体功能，即交通功能。由于市政桥梁、隧道经过空间分离不受城市道路和地铁车站的影响，因此把本体功能主要聚焦于地铁换乘车站及城市道路交叉口的功能为主，具体从通畅性、便捷性、顺畅性三个二级指标对换乘车站与市政桥梁、隧道的一体化设计方案进行定性、定量评价。

① 顺畅性指标 B_1。

顺畅性指标是指地铁换乘车站内多层次、多空间、多方向客流顺畅和简洁的程度，反映的是车站内部客流组织水平及安全性。站厅层数越少，空间越整合，冲突点越少则顺畅性指标越高。

$$B_1 = Z / \sum P_i \cdot \alpha_i$$

式中：B_1 为顺畅性指标；Z 为换乘车站公共区面积之和；P 为轨道交通车站内客流形成的冲突点数；α 为超高峰系数。

② 便捷性指标 B_2。

便捷性指标即乘客进出站或车站内完成换乘的平均时间，包括乘客的步行时间。该指标直接体现了乘客进出站及换乘的便捷性效果，是评价换乘效率的重要因素。

$$B_2 - 1 / \sum \alpha_j \cdot t_j$$

式中：B_2 为便捷性指标，为 m 个乘客进出站及换乘方向的便捷性之和，值越低便捷性越好；α 为超高峰系数；t 为通行时间。

③ 通畅性指标 B_3。

该指标为主要交通瓶颈通道最大通行或聚集能力与交通需求的比值，是车站客流组织能力计算的主要指标：

$$B_3 = \sum C_i' / C_i$$

式中：B_3 为通畅性指标，为 n 个主要交通瓶颈的效能性指标之和，该指标值大于1，B_3 值越大通畅性越好；C_i' 为单位时间内按照设计规范单位时间第 i 个交通瓶颈通道最大通行或聚集能力（人/min）；C_i 为单位时间内第 i 个交通瓶颈通道交通需求（人/min）。

2）附属功能性指标 A（Attached Function）

该一级指标考虑管理难度和美观效果，管理难度又分为车站内部管理难度和附属设施管理难度；美观效果主要包括车站空间效果、出入口效果以及附属设施效果。该级指标主要是主观指标，采用问卷调查和专家打分的形式获取该类指标值。

① 过街功能 A_1。

该指标标定为 A_1，以主观评价道路交叉口的过街功能，过街流线越简单流线越短得分越高，过街流线越复杂流线越长得分越低。

② 车站管理难度 A_2。

该指标标定为 A_2，以主观评价车站管理难度为主，空间形态越简明越利于监控得分越高，越分散、越异型、监控死角越多得分越低。

③ 设备设施管理难度 A_3。

该指标标定为 A_3，以主观评价设备设施管理难度为主，设备设施越集中得分越高，越分散得分越低。

④ 车站空间一体化度 A_4。

该指标标定为 A_4，以主观评价车站空间一体化效果为主，空间越一体化越开阔得分越高，空间越零碎越异型得分越低。

⑤ 站外附属设施一体化度 A_5。

该指标定义为 A_5，以主观评价站外附属设施与市政桥梁、隧道一体化度，空间一体化越好得分越高，空间一体化越不协调得分越低。

3）衍生功能性指标 D（Derivative Function）

该一级指标主要针在对当前 TOD 一体化开发的背景下，地铁换乘站与市政桥梁、隧道一体化合建方案中利用富余空间实现的开发物业价值和对周边开发物业的衔接度，反映了这类重要交通设施带来的衍生功能，指标数值越高表明衍生功能越好。

① 开发物业价值 D_1。

该指标反映的是利用一体化合建方案中的富余空间来开发物业而产生的价值，由于不同方案在不同的位置开发了不同面积的物业，单位价值不同，面积不同，总体物业价值也不一样，因此有必要纳入该指标。

$$D_1 = p_1 / \sum p_i$$

式中：D_1 为开发物业价值指标，为该方案的物业价值 p_1 与 n 个方案的物业价值 p_i 之和的比值，该指标小于 1；D_1 值越大越好，该指标为无量纲指标。

② 周边物业开发衔接度 D_2。

车站与周边物业的直接联结将有效提升车站的服务属性，设置物业与车站接驳通道能够有效减少乘客步行时间，并为周边物业导入更多客流。该指标定义为 D_2，以主观评价的方式结合地铁车站与周边物业衔接的面宽、位置的重要性来评价周边物业开发衔接度，得分越高衔接度越好。

③ 施工组织一体化度 D_3。

地铁车站与市政桥梁、隧道合建设计方案的一体化程度决定了桥隧以及地铁施工期间组织一体化管理对城市空间、交通的影响。一体化程度越高对施工组织包括对施工期间对城市交通的影响越小，如当前很多类似项目未实现一体化，导致综合交通节点反复施工，由于地铁（不同线路反复开挖）、桥隧反复开挖道路，反复封堵城市交通，对城市交通的影响很大。

该指标定义为 D_3，以主观评价的方式结合地铁车站、桥隧与城市交通道路关系、对现状城市交通影响、土建可实施性等因素来评价施工现场组织一体化衔接度，衔接度越好得分越高。

5.2.3.2 确定功能指标权重

方案各功能的重要性并不是一样的，各功能占重要性的多少即重要性系数的确定有很多方法，本案例专家通过各功能间的相对重要程度进行比较，采用强制确定法（0-4 法）计算。

0-4 强制确定法：采用两两比较的方法对各个指标进行评分，分值区间为 0 到 4。各级指标两两比较：非常重要的要素得 4 分，而另一要素相比之下显得不重要，得 0 分；比较重要的要素得 3 分，而另一要素不太重要，得 1 分；两个要素同等重要，各得 2 分；指标自身比较，不得分。

$$评价指标重要性系数\ q_i = 某项评价指标重要性得分/所有评价指标重要性得分$$

根据此算式，可以计算出各个评价指标的重要性系数。

① 一级指标权重确定。

根据专家打分得出如下指标权重系数表格（表5-2）。

表5-2　功能指标体系一级指标权重系数表

指标	B	A	D	重要性程度得分	权重系数
B	—	3	3	6	0.50
A	1	—	3	4	0.33
D	1	1	—	2	0.17
合　计				12	1

备注：B为本体功能指标，A为附属功能指标，D为衍生功能指标。

② 二级指标权重确定。

根据专家打分得出如下指标权重系数表格（表5-3～表5-5）。

表5-3　本体功能指标权重系数

指标	B_1	B_2	B_3	重要性程度得分	权重系数
B_1	—	3	3	6	0.5
B_2	1	—	3	4	0.3
B_3	1	1	—	2	0.2
合　计				12	1

备注：B_1为顺畅性指标，B_2为便捷性指标，B_3为通畅性指标。

表5-4　附属功能指标权重系数表

指标	A_1	A_2	A_3	A_4	A_5	重要性程度得分	权重系数
A_1	—	3	3	2	3	11	0.27
A_2	1	—	3	1	3	8	0.20
A_3	1	1	—	1	2	5	0.12
A_4	2	3	3	—	4	12	0.29
A_5	1	2	2	0	—	5	0.12
合　计						41	1

备注：A_1为过街功能，A_2为车站管理难度，A_3为设备设施管理难度，A_4为车站空间一体化度，A_5为站外附属设施一体化度。

表 5-5 衍生功能指标权重系数表

指标	D_1	D_2	D_3	重要性程度得分	权重系数
D_1	—	1	1	2	0.17
D_2	3	—	1	4	0.33
D_3	3	3	—	6	0.50
合计				12	1

备注：D_1 为开发物业价值，D_2 为周边物业开发衔接度，D_3 为施工组织一体化度。

5.2.3.3　计算功能系数

各方案功能系数=∑各方案功能指标/∑各方案功能指标总和。

5.2.4　确定成本系数

5.2.4.1　建立成本指标体系

本书指标定义的另一个主要部分是成本指标的定义。成本指标在本研究中不仅限于单纯的施工建设的经济成本，而是从全生命周期视角考虑包括从决策设计过程到施工建设过程，最后到投入运营维护乃至工程超过服务期限后的报废回收的全生命周期过程的多种类成本，如图 5-2、表 5-6 所示。

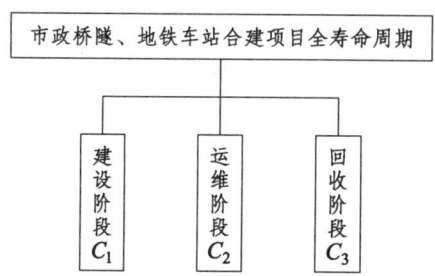

图 5-2　市政桥隧、地铁车站合建项目全寿命周期阶段划分图

表 5-6 成本指标体系

一级指标	二级指标
建设阶段 C_1	研究成本 C_{11}
	设计成本 C_{12}
	建安成本 C_{13}
	预留成本 C_{14}
	设备成本 C_{15}
运维阶段 C_2	人力成本 C_{21}
	动力成本 C_{22}
	材料成本 C_{23}
	折旧成本 C_{24}
	资金成本 C_{25}
	其他成本 C_{26}
回收阶段 C_3	回收成本 C_{31}

1）建设阶段 C_1

① 研究成本 C_{11}。

地铁换乘车站与市政桥隧合建项目决策是选择和决定建设项目投资实施方案的过程，是对拟建项目的建设必要性、技术可行性和经济合理性进行论证，对不同建设方案进行技术经济比较选择及作出判断和决定的过程。建设项目决策是否正确，直接决定了项目的经济效益和社会效益。建设项目决策阶段的成本包括项目策划、信息收集、市场调查、方案优选、资金筹措、土地获取和可行性研究等所花费的成本。与市政桥隧、地铁车站合建项目全寿命周期的其他后续阶段相比，决策阶段成本对轨道交通项目的全寿命周期成本起决定性的影响。合建项目的决策阶段成本占其全寿命周期成本的比例很小，但对市政桥隧、地铁车站合建项目全寿命周期成本节约影响最大。

② 设计成本 C_{12}。

根据批准的市政桥、隧、地铁车站合建项目可行性研究报告进行初步设计，根据批准的初步设计进行施工图设计。合建项目设计阶段的成本包括勘察成本、设计成本等。在全寿命周期成本中，虽然设计阶段本身发生成本比重较小，但其对合建项目全生命周期成本的影响非常大。设计质量不仅影响使用功能，也直接影响合建项目尤其是地铁车站的成本和效益。

③ 施工建设阶段的成本 C_{13}、C_{14}、C_{15}。

市政桥、隧、地铁车站合建项目的施工建设阶段是合建项目非常重要的阶段，建设项目设计意图在这一阶段实现并形成工程实体。建安成本（C_{13}）、预留成本（C_{14}）及设备成本（C_{15}）等施工建设阶段成本对建设项目后续运营维护阶段的成本具有显著影响。

2）运营维护阶段 C_3

市政桥隧和地铁车站合建项目维护阶段成本主要体现在地铁车站的运营管理成本上，包括人力成本（C_{21}）、动力成本（C_{22}）、维修成本（C_{23}）、折旧成本（C_{24}）及其他成本（C_{25}）共计5个二级指标。由于运营维护成本控制是一个动态预测且时效性漫长的过程，影响因素众多，不同的管理模式甚至通货膨胀因素都会带来成本控制的差异。

3）报废回收阶段 C_4

报废回收成本是项目报废处理和再生的成本，其中使用不同的回收和报废方法会产生不同额度数量的成本，而且不同的报废回收方法将对环境和社会产生不同的影响。

5.2.4.2 计算成本系数

$$各方案成本系数 = \sum 各方案成本 / \sum 各方案成本总和$$

5.2.5 计算价值系数

根据价值工程法模式 $V = F/C$，将上述计算得出的功能系数和成本系数代入，得到价值系数。

第6章 一体化设计研究的应用

6.1 成都地铁文化宫站项目概况

成都地铁文化宫站为成都市4号线和7号线的换乘车站，该站位于清江中路与青羊大道交叉路口之下，其中：4号线车站顺清江中路布置，呈东西走向，该方向有规划市政桥；7号线车站顺青羊大道布置，呈南北走向，该方向有规划市政隧道。清江中路道路红线宽50 m，青羊大道道路红线宽40 m，两条道路均为重要交通干道，交通十分繁忙。线路关系见图6-1。

图6-1 文化宫站线路关系示意图

文化宫站是两条重要的轨道交通线路换乘站，换乘客流较大；周边建筑密集，道路红线较宽，两条主干道交通繁忙；市政桥梁项目明确，但未立项，无法同期施工；建设时序为4号线先于市政隧道先于7号线先于市政桥。

车站周边为现状建成区，建筑密集，有大量重要的建筑及设施。车站西北侧为四川昌河蓝天汽车销售服务有限公司，西南侧为劳动人民文化宫，东南侧为西南财经大学成人教育学院，东北侧为卧龙晓城小区及金沙客运枢纽。站位位于西南财大片区，规划定位为本片区商业中心；由于目前有金沙客运中心，所以本站也承载了交通枢纽的功能。站址周边关系图见图6-2。

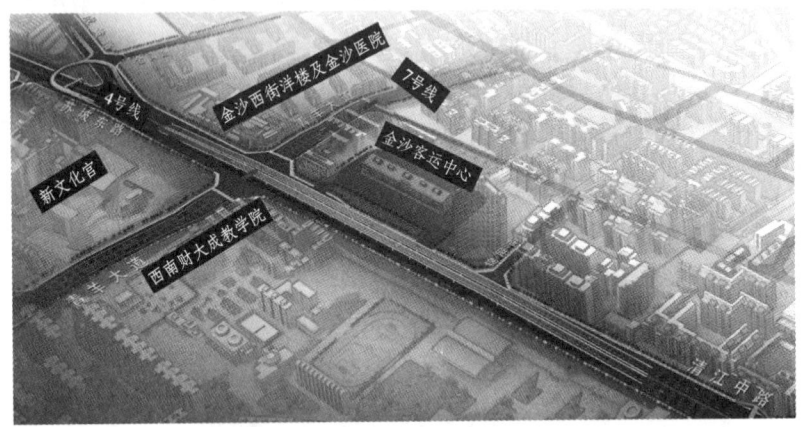

图 6-2 文化宫站周边关系示意图

6.2 方案推导研究

6.2.1 客流预测分析

设计客流：15 061×1.33=20 032 人/h
上车设计客流量为：7 740×1.33=10 294.2，取 10 295 人/h
下车设计客流量为：7 321×1.33=9 736.93，取 9 737 人/h
设计换乘客流：6 951×1.33=9 245 人/h
岛式站台计算：
B_d=2×2.5+2×0.7+2×1.92=10.24 m<12 m
文化宫站远期早高峰客流预测如图6-3所示。

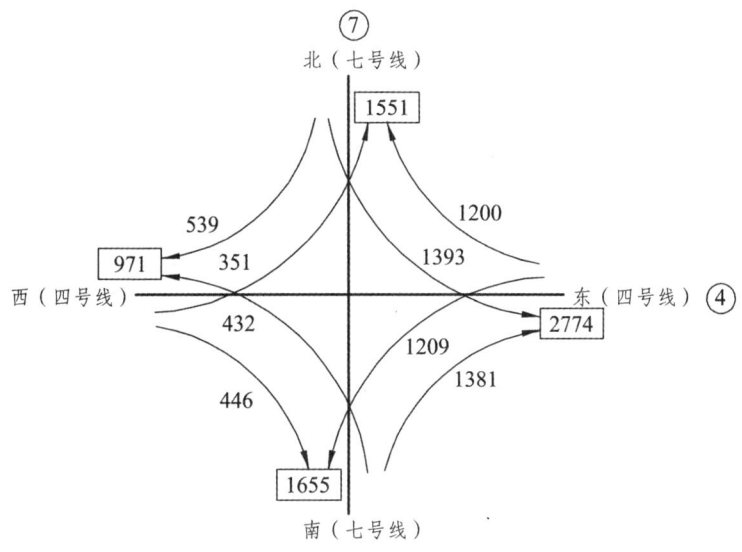

图 6-3 文化宫站远期早高峰客流预测（单位：人/h）

根据客流分析，计算出本站远期早高峰设计客流>20 000 人/h，属于中大客流车站。换乘车站的选型不宜选用十字。根据分向客流报告，4 个象限客流比较均匀，东南和东北象限客流量偏大，因此换乘车站选型为 T 形换乘比较理想。

6.2.2 主要控制性管线分析

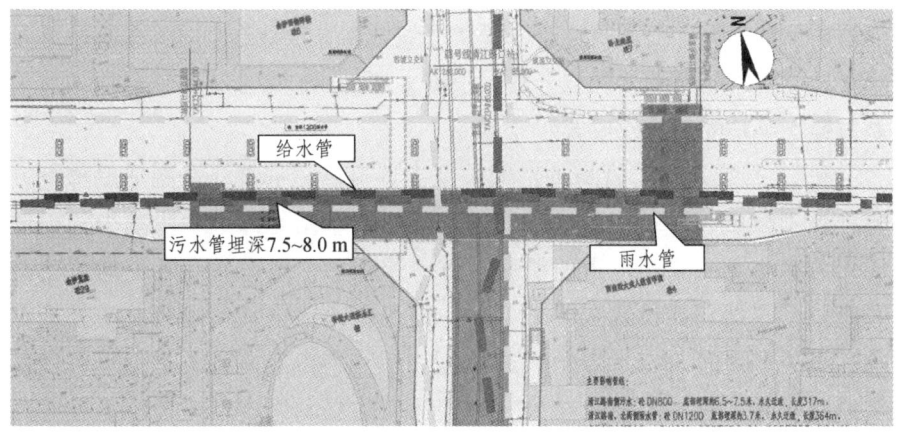

图 6-4 车站范围内市政管线示意图

沿清江中路方向道路南侧有一根埋深约为 7.5 m、直径约为 DN800 的混凝土污水管。沿清江中路方向道路北侧有一根埋深约为 3.7 m、直径约为 DN1200 的混凝土雨水管，沿青羊大道方向道路东侧有一根埋深约为 7.9 m、直径约为 DN1200 的混凝土污水管。设计方案要妥善解决管线迁改问题，避免二次改迁，因此管线迁改方案为把车站范围内的管线迁改到车站范围外，管线设置在道路一侧，车站设置在道路一侧的方案。如图 6-4，将车站范围内的管线迁改至道路北侧。

6.2.3 周边道路交通分析

现状清江中路及青羊大道均为城市主干道，交通异常繁忙，车站施工工法需要保证这两条道路的交通疏解；设计 4、7 号线采取 T 形换乘模式，以减小对交通疏解的影响，并且可增加换乘能力。考虑到线间距及客流的影响以及减小市政桥对区间线路的影响，设计 4 号线于清江中路南侧跨路口布置。

6.2.4 隧站关系

首先，根据建设时序进行分析，4 号线先于 7 号线开工，则根据近期线路在上的原则，4 号线站台在 7 号线站台之上，则排除了 7 号线设置在隧道两侧的情况；而市政隧道先于 7 号线开工，设计选型时优先选用 7 号线车站设置于隧道下方同位合建。根据上述分析，初步得出 7 号线站位关系为隧下车站同位合建模式。

在 7 号线车站与隧道的空间关系上，有隧道底部还是隧道船槽下方两种区别，由于可利用船槽段下方空间，使车站埋深进一步减少，因此优先考虑将车站置于隧道船槽段下方。该项目两线车站和隧道均位于交叉路口，车站只能设置在隧道下方。但根据道路交叉口道路宽度有展宽段，清江中路为 55 m，青羊大道为 45 m，可判断，隧道的最低点可以移至道路一侧，车站可设置在另一侧，从而达到利用隧道船槽段下方空间的目的，如图 6-5。

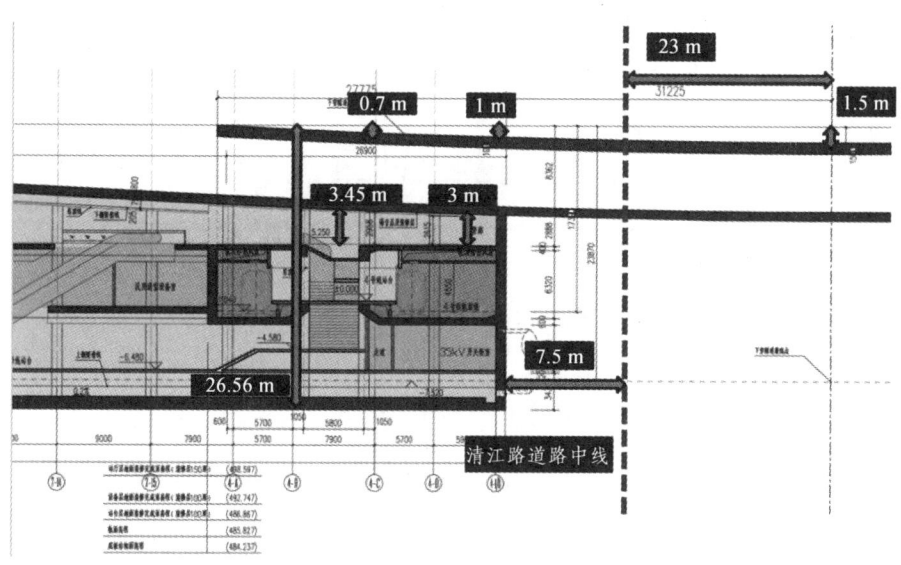

图 6-5 隧道最低点移动对站隧关系影响分析

6.2.5 桥站关系

在桥站关系上，由于桥梁的桥墩跨度较大，能在桥墩之间处理过街及车站的相关问题，同时由于沿清江中路的市政桥暂未立项，在工程预留的审批程序以及可能的工程浪费方面有一定的风险，考虑到 4 号线、市政桥方向的道路红线宽度为 50 m，且在交叉口 50 m 范围内有展宽段，展宽段宽度达到 55 m，设计选型时选用 4 号线车站避开市政桥设置在桥侧的方案。

定了桥侧方案以后，需确定车站置于市政桥南侧还是北侧。由于是换乘站，须综合考虑 4 号线和 7 号线车站的客流吸引和周边建筑状况。根据前述客流预测小节分析，四个象限客流比较均匀，东南和东北偏多，从道路、建筑及绿地关系看，南侧设置车站及附属设施的条件较好，因此车站靠道路南侧布置比较合理，见图 6-6。

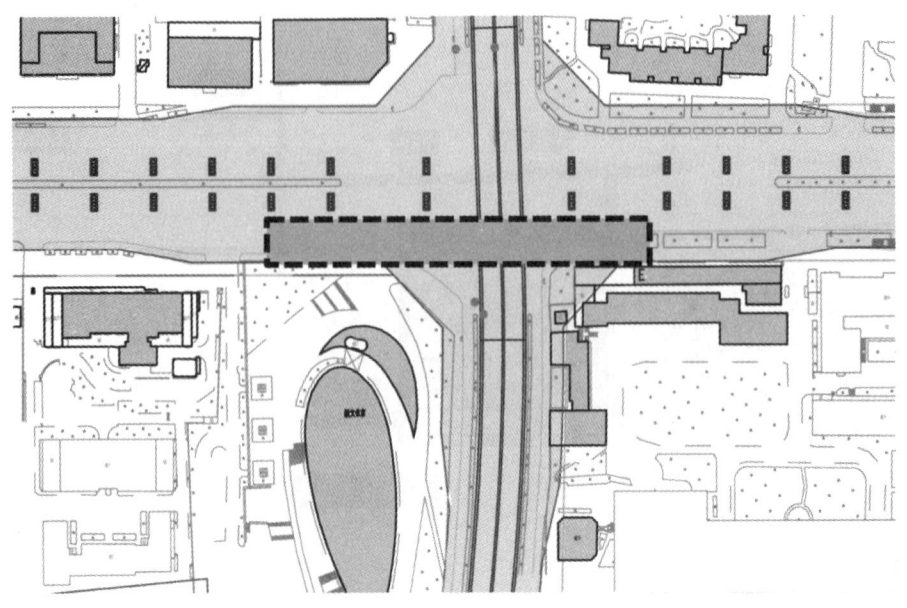

图 6-6 车站与桥、隧及周边建筑关系示意图

6.2.6 换乘站形式

选择换乘站形式可从空间关系和客流量大小的角度来分析。

首先从空间关系来分析，清江中路与青羊大道空间平面关系为十字交叉，4号线与7号线也在道路交叉口十字交叉，换乘站形式宜选择十字或T形换乘。由于两条道路属于城市主干道，道路交叉口交通繁忙，施工期间不宜阻断道路，T形换乘对道路交叉口的影响小于十字，且有前述分析，站桥关系为桥侧模式，若选十字交叉换乘模式，则只能是偏十字，不利于车站空间布置。因此优先选择T形换乘。

其次，从客流均衡的角度分析，清江中路与青羊大道为城市主干道，展宽段道路宽度达 55 m，若选用 L 换乘，出入口过街难度加大，超过 60 m 需单独设置排烟机房会增加投资及难度，因此排除 L 换乘；因本站设计客流属于大型客流，为增大车站抗客流风险能力，建议优先选择T形换乘。

6.2.7 站台组合形式

此类综合交通节点的两线交叉换乘车站有岛-岛换乘站和上侧下岛换乘站两种站台组合形式。根据建设规划，4号线先于7号线实施，根据近期线路在上远期线路在下的原则,沿青羊大道的7号线设置在4号线下方，故排除侧岛换乘模式，选择岛-岛站台组合形式。

6.2.8 站厅形式

由前述知7号线站厅位于隧道下方，4号线与隧道的平面关系为垂直关系，一种方案是4号线站厅位于负一层与隧道同层，被隧道分隔为两个站厅，7号线站厅位于隧道下方，与4号线站厅不同层，采用分离站厅方案，如图6-7。

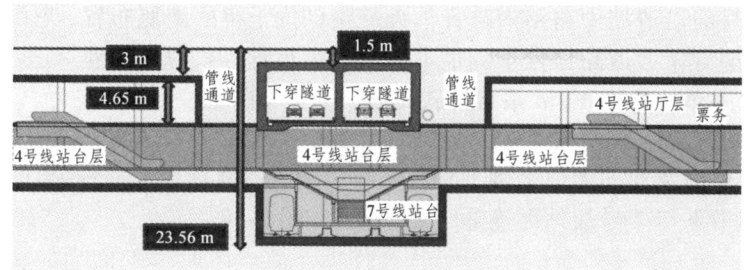

图 6-7　分离厅方案

另一种方案是4、7号线共用站厅位于隧道下方，为连通站厅。车站埋深下压，保证站厅最低处的净高不小于3 m，如图6-8。

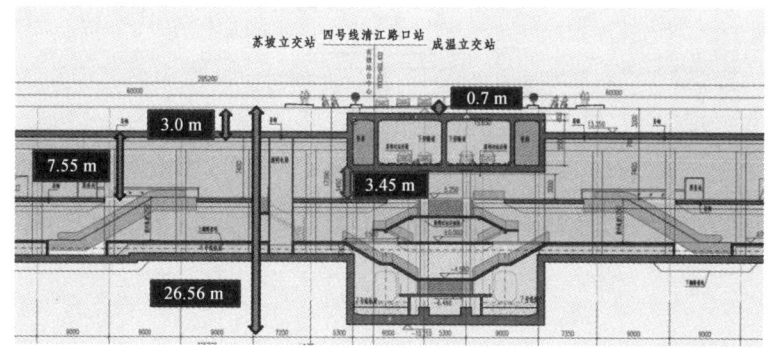

图 6-8　连通站厅方案

从功能优先角度,优先选择连通站厅,但由于车站埋深更大,工程投资更高,从功能与成本角度综合分析无法理性判断,此处作为待定项。

6.2.9 小 结

根据前述分析可知,站隧关系优先选择站于隧下同位合建模式,站桥关系优先选择站于桥侧方案,站台组合优先选择岛-岛站台组合形式,换乘站形式方面优先选择T形方案,站厅形式方面由于连通站厅和分离站厅的成本建设成本差异较大,可作为比较方案进行分析。因此形成桥侧隧下T形岛-岛连通站厅和桥侧隧下T形岛-岛分离站厅两个方案。

6.3 方案比选分析

6.3.1 桥侧隧下T形岛-岛连通站厅方案(方案一)

4号线沿清江中路路南跨青羊大道路口位于桥的南侧布置,东西走向。7号线顺青羊大道路口位于隧道下方南北向布置,4、7号线呈T形换乘方式。双线车站均为12 m站台岛式车站,4号线在上,7号线在下。车站共设6个出入口、4组共12个风亭,6个出入口分别位于车站所处十字路口的四个象限及青羊大道南侧,有利于吸引地块的客流。4号线站厅层位于市政隧道下与7号线站厅连通,见图6-9、图6-10。

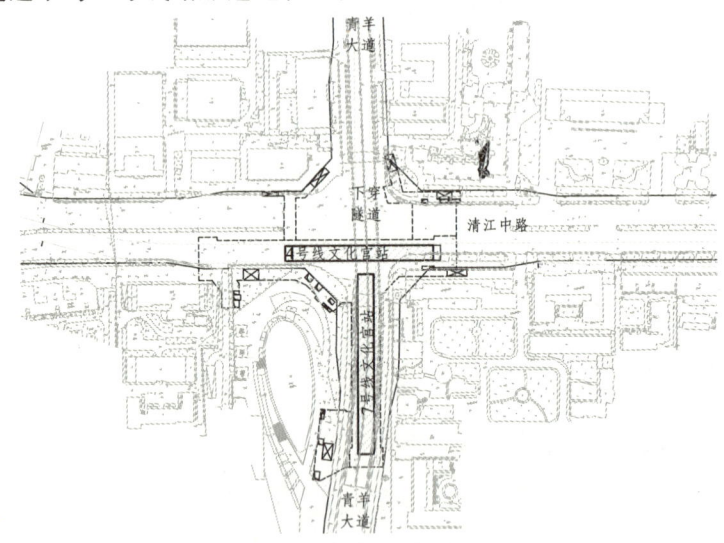

图6-9 方案一总平面图

图 6-10 方案一剖视图

负一层为两线站厅位于市政隧道下方，负二层为 4 号线站台及 7 号线设备区，负三层为 7 号线站台，见图 6-11～图 6-13。

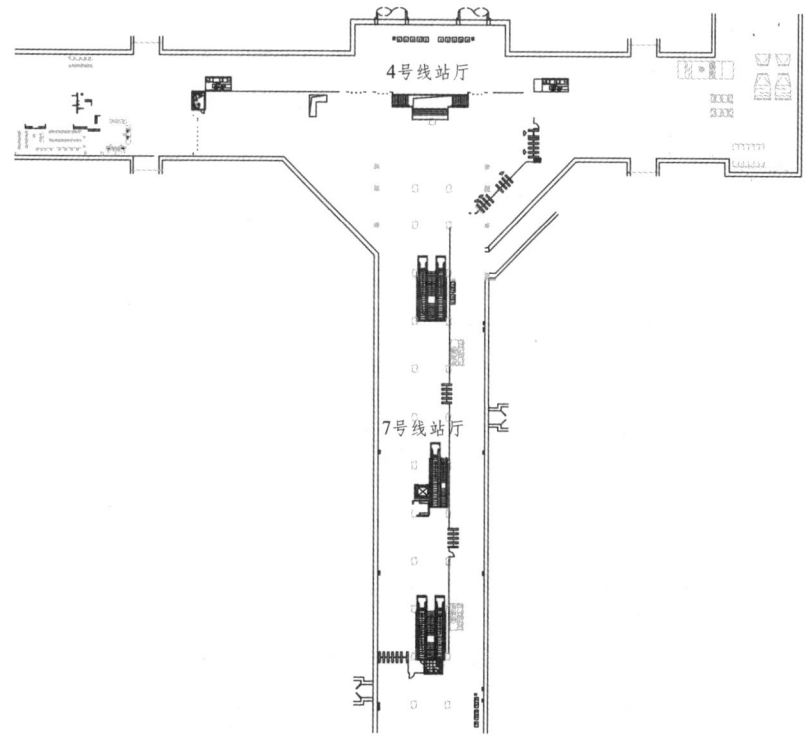

图 6-11 方案一负一层平面图

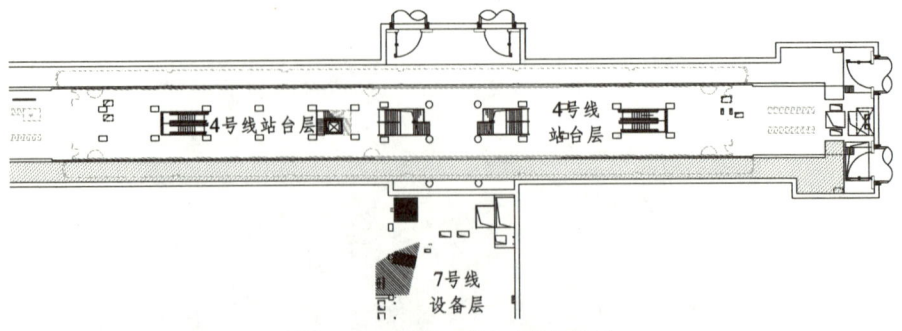

图 6-12 方案一负二层平面图

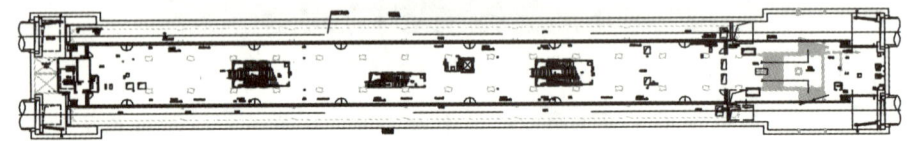

图 6-13 方案一负三层平面图

换乘节点设置在 4 号线站台中部和 7 号线北端，由 7 号线站台可直达 4 号线站台及共用站厅。4 号线接入换乘平台的两组双跑换乘楼梯宽度各为 4.3 m，换乘平台接入 7 号线站台端部的双跑换乘楼梯宽度为 6.2 m，见图 6-14、图 6-15。

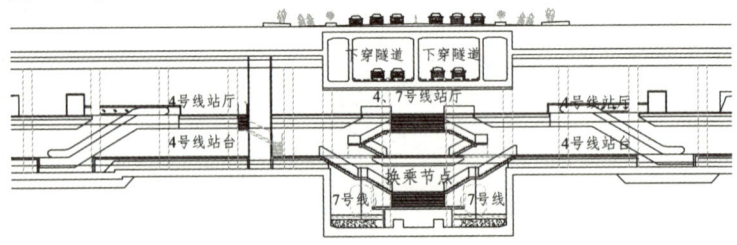

图 6-14 方案一 4 号线剖面图

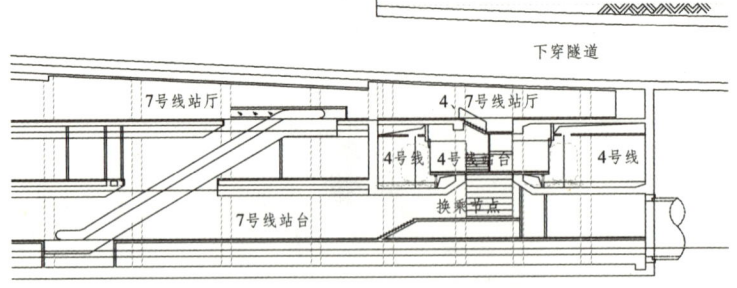

图 6-15 方案一 7 号线剖面图

6.3.2 桥侧隧下 T 形岛-岛分离站厅方案（方案二）

分离站厅方案与连通站厅方案相比，仅仅是站厅形式不同，对方案的描述与连通站厅方案相同部分，不再赘述。方案总图如图 6-16 所示。

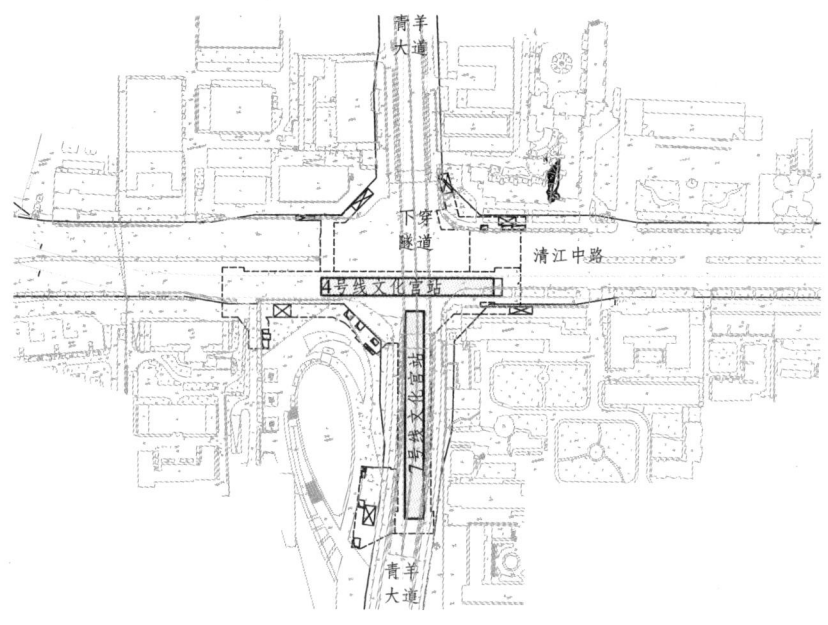

图 6-16 方案二总平面图

负一层为 4 号线站厅和市政隧道，负二层为 4 号线站台及 7 号线站厅层，负三层为 7 号线站台。4 号线站厅与市政隧道同层，被隧道分为东西两个站厅，如见图 6-17~图 6-19。

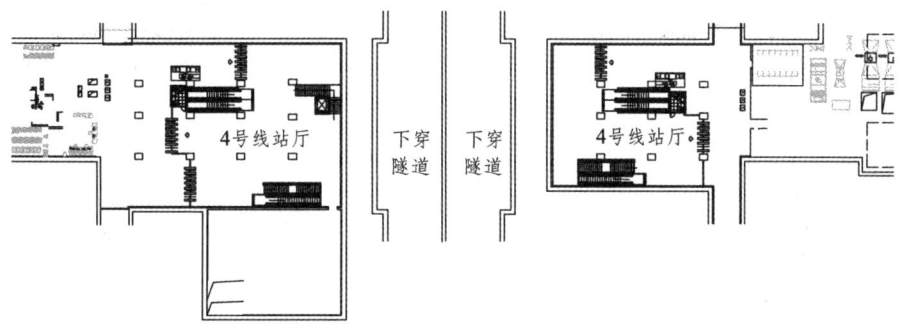

图 6-17 方案二负一层平面图

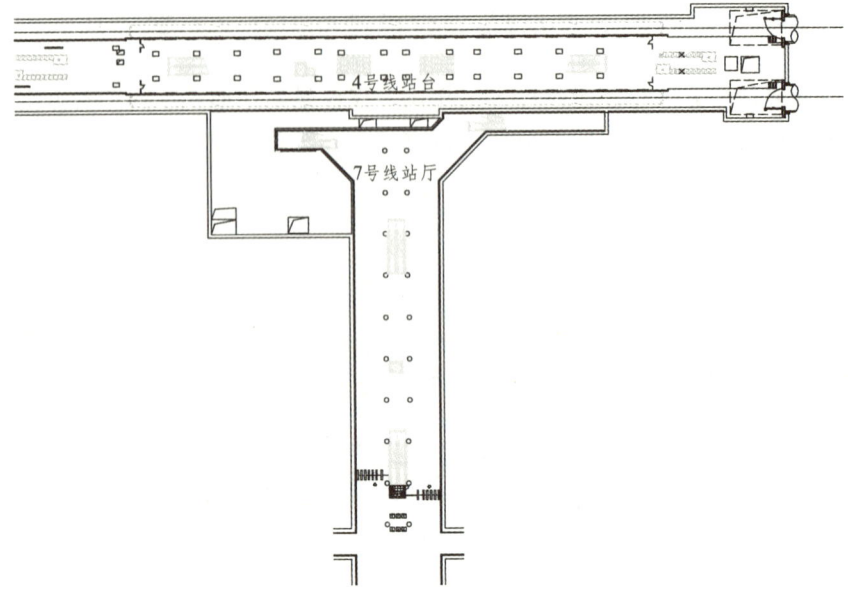

图 6-18　方案二负二层平面图

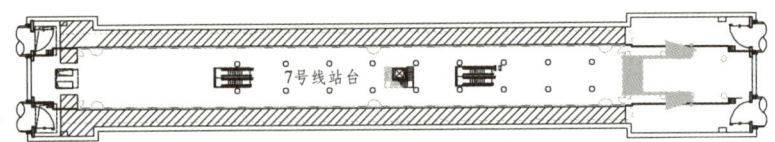

图 6-19　方案二负三层平面图

换乘节点设置在 4 号线站台中部和 7 号线北端，由 7 号线站台可直达 4 号线站台，再由 4 号线站台至 4 号线站厅。由于 4 号线与 7 号线站厅不同层，由 4 号线站台不能直接到 7 号线站厅，需上至 4 号线站厅转乘扶梯至 7 号线站厅，流线较迂回复杂。4 号线站台接入换乘平台的两组双跑换乘楼梯宽度各为 4.3 m，换乘平台接入 7 号线站台端部的双跑换乘楼梯宽度为 6.2 m，见图 6-20、图 6-21。

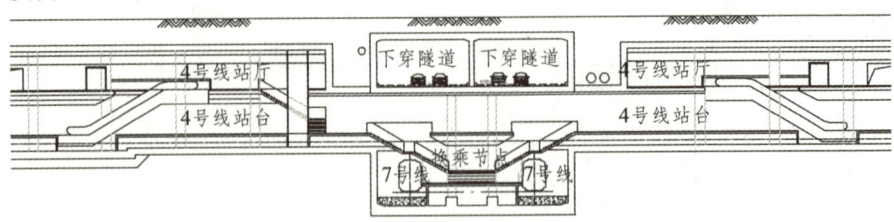

图 6-20　方案二 4 号线剖面图

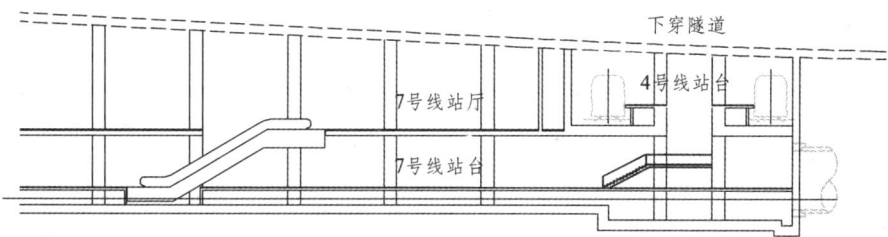

图 6-21 方案二 7 号线剖面图

6.4 多方案辅助决策

6.4.1 方案技术经济比较

以 4 号线为例,上述两方案的技术经济比较见表 6-1。

表 6-1 方案技术经济比较表

内容		方案一	方案二
1 车站规模	设计客流/人	20032	
	站台形式/(站台宽度/m)	地下两层岛式站台/12	地下两层岛式站台/12
	(车站顶板覆土厚度/m)/(轨面埋深/m)	3/17.39	3.0/14.49
	(车站长度/m)/(标准段宽度/m)	205.2/20.9	222.3/20.9
	车站主体建筑面积/m²	9 532.05	10 094.21
	车站附属建筑面积/m²	4 437.8	4 437.8
	车站总建筑面积/m²	13 969.85	14 532.01
2 工程投资(含机电设备)/万元		19 155.03	15 403.93
3 站位及总平面布置	对周边建筑物的影响	相同	相同
	出入口、风亭设置条件分析	相同	相同
	外部边界条件及协调情况	相同	

续表

内容		方案一	方案二
4 站桥关系		站于桥侧	
5 站隧关系		4号线与隧道同层，7号线于隧下	4、7号线均于隧下
6 站厅形式		联通站厅	分离站厅
7 车站功能结构	交通一体化	优，换乘便捷，流线简单	一般，流线迂回、冲突点较多，诱导困难
	空间一体化	优，站厅连通，管理方便	一般，站厅分离，管理困难
	结构一体化	较好	较好
8 综合评价	优点	换乘流线便捷、进出站流线顺畅，运营管理方便	车站埋深浅
	缺点	车站埋深较深	站厅分离，空间不整合，流线复杂，运营管理不便

从上述对比表可以看出，方案一通过一体化合建充分利用了平面和竖向空间，形成连通站厅，交通功能明显优于方案二。经济技术比较来看，方案一的车站总建筑面积较方案二小 562 m^2，但由于埋深较深，工程建设投资比方案二高。比较得出，方案一功能优，但投资高，应该如何选择方案，很难简单判断，下面以上述价值工程法将其代入相应指标进行分析。

6.4.2 计算功能系数

两方案功能系数评价见表 6-2。

表 6-2 方案一、二功能系数评价

一级指标	二级指标	权重系数	分值	方案一		方案二	
				专家打分	加权得分	专家打分	加权得分
本体功能 0.5	顺畅性	0.5	0.25	8.7	2.186	7.5	1.875
	便捷性	0.3	0.15	7.8	1.176	7	1.05
	通畅性	0.2	0.1	7.5	0.75	8.5	0.85

续表

一级指标	二级指标	权重系数	分值	方案一 专家打分	方案一 加权得分	方案二 专家打分	方案二 加权得分
附属功能 0.33	过街功能	0.27	0.089	7	0.623	5	0.445
	车站管理难度	0.2	0.066	8	0.528	6	0.396
	设备设施管理难度	0.12	0.04	8	0.317	7	0.28
3 衍生功能 0.17	车站空间一体化度	0.29	0.0493	8.7	0.429	5.2	0.256
	站外附属设施一体化度	0.12	0.0204	8.3	0.169	7.8	0.159
	带动物业开发价值	0.17	0.0289	8	0.231	6	0.173
	周边物业开发衔接度	0.33	0.0561	7	0.3927	6	0.337
	施工组织一体化度	0.5	0.085	8	0.68	8	0.68
功能指标					7.485		6.501
功能系数					0.54		0.46

根据建立的功能指标体系，对两个比较方案的各个指标打分（1~10分），其中量化的指标需维持其打分之间的比值与量化数值间的比值保持不变；对于主观打分项，请相关专家根据专业经验来打分。

6.4.3 计算成本系数

成本指标中的建设成本与回收成本一般都可以直接折现计算。在计算维护阶段成本方面，根据王苹等人的研究，针对地铁运营作业的特点，采用基于作业成本的参考算法进行计算（表6-3）。

表6-3　生命周期成本指标体系及计算结果　　单位：万元

一级指标	二级指标	方案一	方案二	备注
建设阶段 C_1	研究成本 C_{11}	95.78	77.02	
	设计成本 C_{12}	574.65	462.09	
	建安成本 C_{13}	19 155.00	15 403.00	
	预留成本 C_{14}	4 000.00	6 000.00	
	设备成本 C_{15}	500.00	800.00	
维护阶段 C_2	人力成本 C_{21}	9 000.00	10 800.00	按50年计
	动力成本 C_{22}	1 241.00	1365.10	按每天 1 000 kW·h 估算
	维修成本 C_{23}	250.00	400.00	
	折旧成本 C_{24}	500.00	800.00	
	其他成本 C_{25}	549.55	668.26	
回收阶段 C_3	回收成本 C_{31}	150.00	240.00	
成本指标		36 015.98	37 015.46	
成本系数		0.49	0.51	

6.4.4　辅助决策分析

从方案分析来看，方案一采用连通站厅模式，相较于分离站厅而言，功能更优。但在成本方面，方案二的建筑面积虽然大，但由于埋深较深，工程建设投资更高，比方案一多投入1583万元；但从全生命周期的运营阶段来看，方案一由于是连通站厅，相较于方案二的分离站厅，在人力投入以及管理难度方面，按50年运营周期算，方案一的运营费用比方案二节省2492万元。从全生命周期来看，方案一的成本比方案二少999万。因此总体来看，方案一的价值系数是1.14，优于方案二的0.87，建议推荐方案一（表6-4）。

表 6-4　方案一、二价值系数一览

指标系数	方案一	方案二
功能系数	0.54	0.46
成本系数	0.49	0.51
价值系数	1.10	0.90

6.5　文化宫站连通站厅方案与省体育馆站对比

6.5.1　车站过街功能对比

文化宫站连通站厅一体化方案能够较好兼顾轨道站点功能与地下过街功能。四个象限的过街需求都能够通过站厅非付费区得到解决，无须经其他层站厅绕行，且过街距离较为合理（表 6-5、表 6-6、图 6-22）。由此可见在一体化合建设计下，文化宫站比省体育馆站更能够解决该区域地下过街问题。

表 6-5　文化宫站出口及所在象限对应

所在象限	第一象限（东北）	第二象限（西北）	第三象限（西南）	第四象限（东南）
出口名称	C1、C2	D1、D2	A1、A2、E	B

表 6-6　文化宫站过街距离及时间对比

通行象限	一、二象限	一、三象限	三、四象限	四、一象限
过街距离/m	157	72	200	85
过街时间/s	164.1	94.4	60.0	105.1

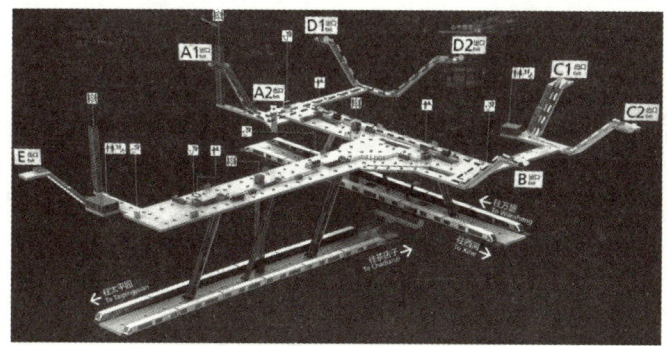

图 6-22　文化宫站过街流线示意

6.5.2 换乘功能分析

文化宫站采取与省体育馆站相似的分级换乘组织方式，非高峰时期全部通过换乘节点楼梯换乘，工作日高峰时段采取单向换乘模式。相比于省体育馆站，该站换乘流线更加清晰，同时T形站台布局一定程度上解决了十字布局缓解客流冲击能力不足的缺点。文化宫站方案，双线换乘功能更加合理，换乘时间明显缩短（表6-7、图6-23）。

表6-7 文化宫站双线换乘距离及时间对比

项　目	4号线换7号线	7号线换4号线
换乘距离/m	127	77
换乘时间/s	111	63

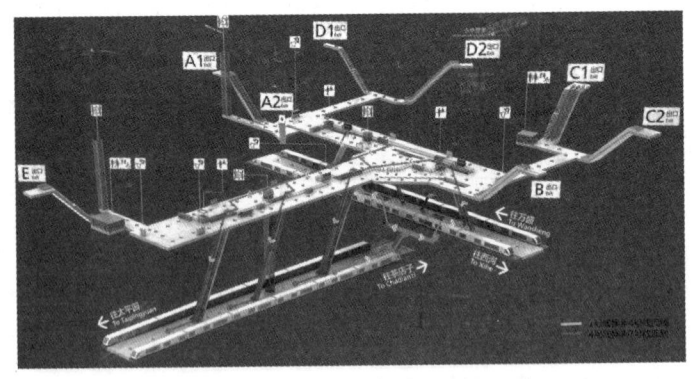

图6-23 文化宫站换乘流线示意

6.5.3 进出站现状分析

文化宫站在一体化设计条件下，4号线和7号线出站均集中至负一层站厅，采用了连通站厅，所有出口都能通过该层非付费区相连，交通参与者能够通过任意方向进行出站，出站距离也较为合理，便利性及易用性远高于省体育馆站为代表的分离式站厅（表6-8）。

表 6-8 文化宫站个方向出站最短时间对比

出站象限	一（东北）C1、C2	二（西北）D1、D2	三（西南）A1、A2、E	四（东南）B
4 号线	137.4	125.1	104.6	69.4
7 号线	200.1	181.3	153.4	163.2

6.5.4 小 结

综上所述，在地下过街功能方面，文化宫站所有方向过街需求都能通过负一层站厅非付费区满足，无须绕行，且过街距离更短；在站内换乘方面，文化宫站 T 形站台设计减小了客流冲击，换乘流线比省体站更短、更简洁；在出站功能方面，文化宫站连通站厅能够满足各个方向出站需求，容错率更高，出站流线简单且交叉少。省体育馆站 1、3 号线总建筑面积 24 815 m²，文化宫站总建筑面积 13 969 m²，文化宫站车站规模明显较小，更节约投资。

因此一体化合建设计考虑较为充足的文化宫站，站内外交通组织更加合理，相较于省体站有明显优势。

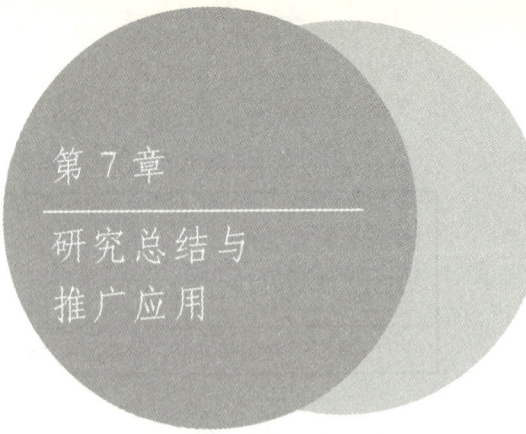

第 7 章 研究总结与推广应用

7.1 研究总结

本书主要做了以下四个方面的工作:

一是就地铁车站与市政桥梁、隧道合建模式一体化设计不足带来的交通功能损失、空间资源浪费、施工周期延长、建设资金浪费和景观环境不佳等诸多问题,提出一体化不足的原因主要在于理念落后、条块分割、投入不足和机制缺乏等四个方面,并提出从功能优先、空间整合、结构一体三个关键要素来进行一体化设计分析,最后提出基于参与合建的多主体合作、从设计边界条件分析入手就合建模式涉及的多要素进行分析、选择并采用多方案辅助决策的工作流程,有助于该合建模式的一体化工作方法实操落地。

二是从换乘行为及客流特征分析入手,总结了两线交叉换乘站类型、特点及其适用范围,再从地铁车站分别与市政隧道、市政桥梁双要素合建模式、特点及其适用范围进行了分析,并提出一体化设计原则,在此基础上就站、桥、隧合建模式从桥下隧下、桥侧隧下、桥下隧侧以及桥侧隧侧四个模式分析了两线交叉换乘站一体化设计的 12 种基本模式,然后根据选型原则指出(桥下 > 桥侧)、(隧下 > 隧侧)、(T > L > 十)、(岛 > 侧)、(连通站厅 > 分离站厅)几个定性选择价值判断,辅助合建模式选型快速作出定性判断,提高工作效率。

三是基于价值工程法提出多方案辅助决策方法,建立了 3 个一级指标、10 个二级指标的功能指标体系,以及基于全生命周期的 4 个一级指标、12 个二级指标的成本指标体系,并采用强制确定法计算出功能指标的权重,给出价值工程系数的算法。

四是结合前述的方法体系，选择文化宫站作为案例，从方案推导、方案比选、方案决策评价等流程进行了方法应用，检验了方法的可操作性。

7.2 推广应用

本研究主要可在以下几个方面推广应用：

针对与市政桥隧合建的地铁换乘车站一体化设计方面，可在类似的合建项目中借鉴工作流程和工作方法，参照方案推导研究手法，排除不合理的方案，提高合建模式的工作效率，并在提供的12种可能方案中结合适用范围和工作流程来快速得出比较可行的比较方案，大大提升工作效率，节约工程投资，提高综合交通节点的运行效率。

多方案辅助决策可以在类似的涉及车站与市政桥梁、隧道合建项目中采用本研究中的价值工程法模型进行功能和成本系数计算价值系数，对多方案进行更科学的定量决策。该方法还可应用在类似的工程项目设计中，比如地铁站的多方案比较，一般采用简单的定性加工程造价比较的多方案比较方法，决策的科学性和效率均比较低，可参照本书的价值工程法构建价值工程模型，进行更科学的定量辅助决策。

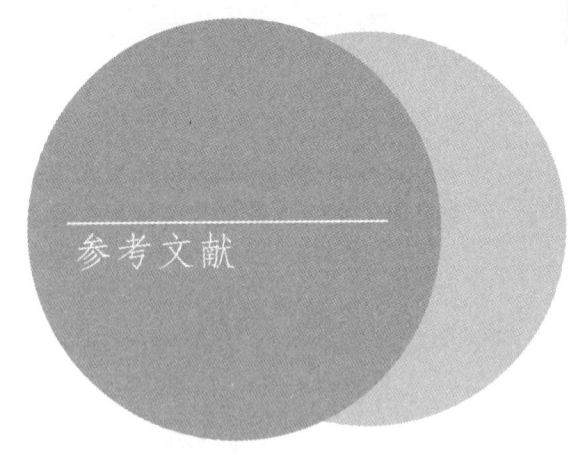

参考文献

[1] 汪乐，王涛，宋磊. 地铁明挖车站-市政桥梁合建结构的关键技术研究[J]. 隧道建设（中英文），2018，38（12）：2006-2012.

[2] 刘辉. 地铁车站与市政隧道合建设计要点浅析[J]. 低碳世界，2018（7）：268-269.

[3] 刘苏明，石达强. "站桥合一、先桥后站"盖挖地铁车站关键施工方案的比选与优化[J]. 隧道建设，2011（6）：743-748.

[4] 何闻. 基于乘客行为模拟的轨道交通通道换乘站设计研究[D]. 武汉：武汉理工大学，2013.

[5] 苏星燕. 城市轨道交通换乘站运营协调效率的评价研究[D]. 长沙：中南大学，2010.

[6] 孔凡国. 基于模糊神经网络的多方案优选方法的研究[J].五邑大学学报(自然科学版)，1999：1-6.

[7] 雷刚，华福才，郑广亮. 层次分析法（AHP）在地铁隧道工程中的应用[J]. 地下空间与工程学报，2012，8（63）：158-163.

[8] 颉栋栋，盖宇仙，李成. 基于 AHP-TOPSIS 法的铁路物流中心设计方案比选研究[J].物流科技，2010，33（178）：52-56.

[9] 杨振兴，王浩，周建军，等. 功效系数法在 TBM 选型定量化决策中的应用[J]. 地下空间与工程学报，2018，14（106）：230-235.

[10] 周燃.基于价值工程的住宅项目投资方案决策研究[D]. 江门：五邑大学，2017.

[11] 闫坤伦. 价值工程理论在公共项目价值评估中的应用:基于公共价值决策评价的一种新方法[J]. 价值工程，2016，35（421）：87-89.

[12] 周慧兰. 价值工程在多方案优选中的应用浅析[J]. 安徽建筑, 2010, 17（173）: 164; 166.

[13] 张晨阳. 屈曲约束支撑对舜都文化中心外挑坡屋顶框架结构抗震性能的影响研究[D]. 西安: 西安建筑科技大学, 2014.

[14] 刘秋艳, 吴新年. 多要素评价中指标权重的确定方法评述[J]. 知识管理论坛, 2017, 2（12）: 48-58.

[15] 任晓宇, 周亚萍, 郭树荣. 全生命周期视角下装配式建筑可持续发展评价体系研究[J]. 建筑经济, 2019, 40（443）: 96-100.

[16] 陈宁, 陈朝龙, 靳思敏, 等. 多方合作下的PPP项目控制权博弈模型及其量化求解[C]. 2019: 38.

[17] 王苹, 马子龙. 作业成本在轨道交通企业成本管控中的实践与应用: 以广州地铁为例[J]. 中国总会计师, 2019, 195: 50-53.

[18] 韩宝明, 代位, 张红健. 2018年世界城市轨道交通运营统计与分析[J]. 都市快轨交通, 2019, 32（1）: 9-14; 85.

[19] 肖蕾, 王俊和. 基于价值工程的铁路建设工程评标方法探讨[J]. 铁道学报, 2009, 31（1）: 111-114.

[20] 张雪莲. 运用价值工程优化设计方案探讨[J]. 经济问题, 2007（7）: 77-78.

[21] 涂圣文, 段力, 赵振华, 等. 城市快速路规划方案选择的价值工程方法[J]. 铁道科学与工程学报, 2017, 14（3）: 663-668.